James McSill
Tony Correia

Book in a Box

A Arte de Comunicar

www.dvseditora.com.br
São Paulo, 2013

Book-in-a-Box

A ARTE DE COMUNICAR

Copyright© DVS Editora 2013
Todos os direitos para a língua portuguesa reservados pela editora.

Nenhuma parte dessa publicação poderá ser reproduzida, guardada pelo sistema "retrieval" ou transmitida de qualquer modo ou por qualquer outro meio, seja este eletrônico, mecânico, de fotocópia, de gravação, ou outros, sem prévia autorização, por escrito, da editora.

Coordenação Editorial: Mario H. Prado
Edição de texto: Mario H. Prado
Produção Gráfica, Diagramação: Giuliana Castorino
Capa: Giuliana Castorino

```
     Dados Internacionais de Catalogação na Publicação (CIP)
          (Câmara Brasileira do Livro, SP, Brasil)

          McSill, James
             Book in a box : a arte de comunicar / James
          McSill, Tony Correia. -- São Paulo : DVS
          Editora, 2013.


             1. Arte de escrever 2. Arte de escrever -
          Métodos 3. Comunicação 4. Escritores I. Correia,
          Tony. II. Título.




     13-12678                               CDD-808.02
```

Índices para catálogo sistemático:

1. Arte de escrever   808.02

James McSill
Tony Correia

Book in a Box

A Arte de Comunicar

www.dvseditora.com.br
São Paulo, 2013

Sumário

Agradecimento	7
Apresentação	9
Introdução	19
O que é comunicação?	31
Por que comunicação?	45
O "Espírito Demóstenes"	65
Dicção – Estrutura das palavras – Fluência	77
Pausas – Entonação – Volume – Modulação	85
Gestos – Contato visual- Equilíbrio	95
Microfone – Recursos visuais – Tempo	101
Informar x Comunicar	107
Dominar o frio na barriga	111
O "ator" no palco e na vida	115

Agradecimento

A minha mãe

In memoriam

A minha mãe, a quem não mais poderei oferecer este livro, mas a quem, com saudade e gratidão, o dedico!

O primeiro impulso foi o amor filial, mas a quem melhor do que à mãe – a todas as mães – poderia dedicar um livro sobre a Arte de Comunicar?

É a mãe lactante que nos dá as primeiras e grandes lições sobre comunicar: como cativar e criar laços!

Com ela aprendemos a sutil diferença entre maciez e carícia, entre jeito e ternura, entre dar e se dar!

A mãe mostra-nos que o órgão principal da comunicação não é a boca, é o coração! Que mais importante do que as palavras é **o tom**! É o tom que nos marca: *bilubilubilu, atetete, nhenhenhe...* tornam-se "palavras" inesquecíveis!

Ver uma mãe fazer coceguinhas com o nariz, na barriga do filho, fazer *brrrrrbrrrr* com os lábios no peito dele e escutar o riso gostoso do filho, é uma grande lição sobre a arte ímpar da comunicação!

"Tive cinco filhos! Mas se eu soubesse da qualidade que eles eram... teria tido dez!" dizia minha mãe. Quantas vezes, já adulto, ao ouvi-la dizer isso com entusiasmo, eu sentia uma nova força e energia em mim! Aquilo me reanimava, elevava a autoestima, era extremamente motivador!

Vez ou outra ela me chamou pelo nome e sobrenome – boa lição sobre o "peso" das palavras! Quando isso acontecia, era bom abrir os olhos e os ouvidos, ficar alerta, prestar mais do que a costumeira atenção!

Mas também muitas vezes a ouvi dizer, braços estendidos na minha direção:

– Este é o meu primogênito, o filho do meu amor!

Eu ficava sem jeito, mas hoje... como é bom lembrar, mãe!

Um beijo e até mais ver... no Paraíso.

Seu filho dileto,

Tony

PS. Minha mãe, D. Olímpia, faleceu no passado dia 19 de Agosto.

Apresentação

TONY E O SEGREDO DE TUDO

Não faz muito tempo – poucos anos na verdade – que um autor podia escrever, enviar o texto para uma editora, e se estivesse bom, receber uma proposta, e então o livro seria publicado, distribuído, e se o autor quisesse daria uma entrevista ou outra e fim.

Os bons tempos ficaram para trás. Mesmo!

Noventa e nove por cento das editoras me fazem uma pergunta muito simples quando digo que estou trabalhando com um autor que escreve bem: ele é bom comunicador, tem potencial de venda?

Não é o texto que teria potencial de venda, mas o autor, através da sua capacidade de se comunicar.

Quando retorno para o autor para perguntar-lhe se ele está disposto a construir a partir de si uma plataforma para comercializar a sua obra, a maioria diz: Sim, posso. Mas não sei como. Nunca falei em público, nunca dei uma entrevista, nunca fiz nada a não ser sonhar em ser escritor famoso.

Oops!

Big oops!

Tony, neste manual da série Book-in-a-Box, vai mencionar um chavão do Chacrinha: "Quem não se comunica se trumbica". Traduzo: caro futuro famoso autor, quem não se comunica não será publicado. Pior, se por um acidente for publicado, não venderá e nunca mais será publicado. O que, na minha opinião, é ainda pior, porque esse autor provou do bolo e em seguida foi expulso da festa.

Ouch!

Big ouch!

Existem alguns segredos para ser um bom comunicador e Tony, generosamente, revelará todinhos para você.

Eu mesmo já li este texto várias vezes, e desde que me tornei amigo e fã do Tony aplico religiosamente o que ele diz. A oportunidade de produzirmos este manual mudou a minha vida.

"Mas que resultados você obteve?", quase ouço você perguntar.

Ora, alguns desses resultados você tem em suas mãos! A minha maneira mais profissional de falar, de lidar com o público, abriu-me portas como estas, que permitiram a publicação desta série Book-in--a-Box, bem como, em breve, levá-la a um super-projeto de publicação nos EUA, e ainda a duplicar os convites para eventos e muito mais. Resultados maravilhosos, portanto!

Aproveito, também, para apontar a participação do consultor da McSill Story Consultancy, Mario H. Prado, que, além de palestrante, escritor e editor de mão cheia, tem também um grande senso crítico, trabalha textos como ninguém!

Neste livro, a despeito da experiência e expertise de Tony, Mario participou ativamente do processo. Foram horas de dedicação harmonizando o texto, dando dicas, sugestões, questionando e, em especial, nos provocando para que você tivesse um livro de ainda maior qualidade nas mãos. Não gostaria, portanto, de deixar passar em branco o talento deste rapaz. Sempre me perguntam o que as pessoas que escolho para trabalhar comigo possuem de especial... aqui vocês podem encontrar a resposta!

Boa leitura.

"A palavra certa no tempo certo é maçã de ouro em bandeja de prata." (Salomão)

Temos prazer quando, na sala de aula, na reunião de investidores, na entrevista de recrutamento, na declaração de amor, encontramos a palavra certa, o tom certo, o bom ritmo e a boa postura! Sentimos prazer quando conseguimos *comunicar*.

Sim, quão bom, agradável e rentável é ser um bom comunicador!

A frase famosa do Chacrinha – *"Quem não se comunica se trumbica"* – é um alerta atualíssimo!

Os americanos quantificaram a frase do Chacrinha, e o número é impressionante: *85% do sucesso pessoal e profissional dependem da capacidade de comunicação.*

Só com boa comunicação podemos ensinar, inspirar, motivar, transformar, "tocar" a mente e o coração, cativar!

Como ser ouvido? Como ser notado? Como ser convincente? Como vender mais ou ter mais clientes? Como fazer amigos? Como criar laços? Como ser *lido*? A resposta é uma só: tornando-se um mestre na "arte de comunicar".

Mas alguém que é "pesado de lábios" (como Moisés), ou seja, tímido, sem jeito, poderia se tornar um bom comunicador? Poderia alguém que se intimida com o palco, que fica paralisado frente ao microfone, ser cativante e arrebatador? Anime-se: a resposta é *sim*!

Como prova: Demóstenes, o maior orador grego.

Até à sua época, IV século antes de Cristo, a eloquência era considerada um "dom". Quer isto dizer que ou você nascia com ela, com uma predisposição inata para a retórica e a oratória, ou jamais seria um grande orador.

Demóstenes provou que não é bem assim! Ele não nasceu com esse "dom", muito pelo contrário: tinha voz fraca, má dicção e um tique terrível – levantava o ombro quando falava! Realmente, ele não tinha nada para ser um orador brilhante...

Muitos riram dele e o humilharam quando fez os primeiros discursos. Mas Demóstenes estava determinado a ser um grande orador!

Com grande esforço, muita técnica, disciplina e inabalável perseverança, foi vencendo suas limitações, uma a uma!

Assim, para melhorar o volume da voz, fazia os discursos junto ao mar, até que a sua voz se sobrepusesse ao barulho das ondas.

Para melhorar a dicção, falava com pedras na boca, exercitando os músculos bucais e melhorando as articulações!

Para vencer o tique, ele pendurou uma espada no teto com a ponta voltada para o ombro. A cada vez que levantava o ombro, a ponta da espada fazia-o sentir dor.

Este doloroso método da espada, para ser eficaz, exige tempo e repetição. Por isso Demóstenes raspou metade do cabelo e metade da barba, e assim se obrigou a ficar em casa, e só sair quando tivesse perdido o tique.

Quando finalmente saiu de casa ele era um novo homem – um excelente orador! Aqueles que no início o humilharam, foram obrigados a se curvar ao seu grande talento. Para muitos historiadores ele foi o maior orador da antiguidade!

Hoje, mais de dois mil anos depois, ele continua sendo uma fonte de inspiração para todos aqueles que desejam se expressar com fluência, com convicção, que querem ser persuasivos e eloquentes.

Até hoje a técnica de Demóstenes é muito utilizada por atores e palestrantes, que passam horas falando com um lápis na boca, cuidando da dicção, ou falando com o volume do rádio nas alturas, para melhorar o volume da voz.

Quanto à espada, é um bom lembrete para nos obrigar a fazer exercícios que melhoram a postura, a respiração, bem como a abandonar os maus hábitos que arruínam a voz e a saúde.

Um revelador comentário dos gregos é: "Quando um orador fala bem, o povo diz: é um bom orador! Quando Demóstenes fala, o povo *marcha!*".

Daí se conclui que *Comunicar é mais do que "saber falar"*. Podemos falar muito bem e mesmo assim não dizer nada! Não comunicar!

São conhecidas as palavras de São Paulo, que Renato Russo canta alto e bom som: *"Ainda que eu falasse a língua dos homens e falasse a língua dos anjos"...*

Ainda que... o quê? Que condicionante poderá haver se eu falar com um vocabulário rico, erudito, usando belas figuras de linguagem: metáforas, silepses, prosopopeias? Se até mesmo consigo falar a sublime língua dos anjos... que *ainda que* é esse?

É que, *ainda que* eu tenha fluência, lógica de raciocínio e utilize a sedução da forma, poderei ser comparado *"a um latão que soa, a um sino"*. Só barulho! E por quê?

Muitos são os que falam a língua de homens e a língua de anjos... e ainda assim não dizem nada em nenhuma delas! Nada que nos *mostre*, que nos *ensine*, que nos *inspire*, que nos *una*, que nos *acrescente*.

Ora, e o que falta? Que ingrediente é esse que dá valor e sabor às palavras?

A música do Renato o revela: "*sem Amor eu nada seria*".

O "***Amor***" é o ponto chave da boa Comunicação!

Esta certeza implica numa mudança conceitual: *o órgão principal da comunicação não é a boca... é o coração!*

Disse a raposa ao pequeno Príncipe:

A linguagem é fonte de mal-entendidos. É muito simples: só se vê bem com o coração. O essencial é invisível para os olhos.

A astuta raposa dá-nos um bom conselho: cuidado com a linguagem! Já diz o ditado que, quando duas pessoas falam, "há *um* falar e *dois* entender!"

Portanto, não descuide da comunicação, pois ela é a sua principal ferramenta para falar com o leitor e fazê-lo entender exatamente aquilo que você quis dizer.

Tony Correia

Introdução

Comunicar é essencial

"Eu sempre sonho com uma caneta que seria como uma seringa." (Jacques Derrida)

Animais e plantas estão belamente equipados para poderem comunicar entre si. Sim, as plantas também se comunicam! Elas *falam* umas com as outras e avisam quando estão sendo atacadas, permitindo às demais terem tempo de se defender. Foi curiosa a maneira como os cientistas chegaram a essa conclusão.

Na África do Sul alguns antílopes morreram de fome, num lugar perto de acácias com folhas verdes, tão apreciadas por eles! Como explicar isso?

Os estudos revelaram que quando os antílopes começam a comer as folhas, a planta aumenta a produção de tanino, que torna as folhas tóxicas. Como isso leva tempo, as folhas já produzem um gás que avisa as outras acácias para que iniciem o processo e ganhem tempo!

À medida que os cientistas avançam no conhecimento da comunicação das plantas, novas e incríveis formas são reveladas: elas mandam mensagens aos predadores dos insetos que as incomodam para que estes os eliminem. Elas se comunicam pelas folhas, pelas raízes e estudos mais recentes falam até em nano-ondas.

Mas nada se compara ao fantástico arsenal que Mulheres e Homens têm à disposição para que haja boa Comunicação.

A boca, que fala palavras deleitosas! Os olhos, que refletem a alma! E o coração, que vê o invisível. A pele sensível ao toque, os ouvidos que sabem escutar: destaques desse rico arsenal. E, apesar de toda essa diversidade à nossa disposição, o Comunicar não é coisa fácil, automática – exige cuidados!

É verdade que a comunicação oral, gestual, *audiovisual*, remonta a tempos imemoráveis, quando a civilização sequer batia às portas da humanidade. Cobertos de pelos e fugindo de predadores, nossos ancestrais já se comunicavam através de sons e gestos.

Mas que revolução na Comunicação foi a invenção da *escrita*! De todos os grandes avanços da humanidade, certamente é a escrita um dos principais, porque libertou a *memória* do imenso fardo de ser a única forma de se arquivar o conhecimento. Passamos para a pedra, para a argila, para o papiro e o papel a Comunicação que queremos preservar – e divulgar.

Mas as palavras não são nada além de *códigos*. Sequências de símbolos que não *mostram*, apenas *representam*.

Se você lê:

Agjhtt hjhjka ytte akrpsdf

Que imagem seu cérebro reproduz na sua mente? Somente a do código, pois essas letrinhas, uma atrás da outra, não comunicam nada ao seu cérebro.

Mas se você lê:

Ó mar salgado, quanto do teu sal

São lágrimas de Portugal!

Por te cruzarmos, quantas mães choraram,

Quantos filhos em vão rezaram!

Quantas noivas ficaram por casar

Para que fosses nosso, ó mar!

Valeu a pena? Tudo vale a pena

Se a alma não é pequena.

Quem quer passar além do Bojador
Tem que passar além da dor.
Deus ao mar o perigo e o abismo deu,
Mas nele é que espelhou o céu.

Quantas imagens, quantas sensações é possível emitir ao leitor através da Comunicação! É verdade que a poesia, por sua natureza, comunica de forma mais sinestésica que a prosa. Mas também os romances devem se obrigar a comunicar de forma eficiente, porque o objetivo, ao fim, é idêntico: levar uma mensagem ao leitor. Para que consigamos fazer chegar ao leitor a mensagem que desejamos, é preciso trabalhar bem o texto.

Diz sabiamente o Talmude:

Nós não vemos as coisas como elas são. Nós vemos as coisas como **nós** *somos.*

A idade, a instrução, a crença, a experiência, o lugar onde nascemos... tudo isso, e muito mais, nos leva a ver as coisas à nossa maneira, e por isso tendemos a achar que a nossa maneira de ver é a melhor. Mas nem sempre é assim...

A fábula "*A Águia e a Coruja*", de La Fontaine, nos ajuda a compreender a frase do Talmude:

A Coruja e a Águia fizeram um acordo para não comerem os filhos uma da outra. A Águia então pergunta à Coruja como são os filhos dela, para poder identificá-los e não comê-los.

Coruja: "São lindos, são tão lindos! Têm o corpo gracioso e os olhos meigos... tão fofinhos! Não tem outros assim!"

Águia: "Vai tranquila, comadre, vai tranquila."

Feliz, a Coruja agradece e vai procurar comida para dar aos filhos. Ao voltar para o ninho, o encontra vazio! Aflita, procura os filhotes nas folhas, nos ramos, no chão... até que lhe dizem que a Águia os devorou.

A Coruja não acredita, afinal a comadre prometera que não os comeria... mas outros pássaros confirmam que foi a Águia!

Revoltada, a Coruja vai ter com a Águia e a acusa com indignação:

Coruja: "Tu prometeste que não comerias os meus filhos, mas tu os comeste!"

Águia: "Não! Não comi nada!"

A Águia então explica o que aconteceu:

Águia: "Quando saí daqui encontrei um ninho com uns pássaros esqueléticos, sem penas, olhos esbugalhados, horrorosos! Não eram os teus filhos! Tu me disseste que os teus filhos eram bonitos..."

Os filhos da Coruja são bonitos ou feios?

Depende...*"quem ama o feio... bonito lhe parece"*.

Isso é porque "nós não vemos as coisas como elas são... mas como nós somos". Temos que estar cientes de que *Comunicação* é uma *relação entre pessoas*... e que as pessoas são diferentes!

E, apesar de sabermos disso, tendemos a achar que os outros pensam como nós – especialmente quando o assunto nos parece"óbvio"! Ledo engano...

Vejamos um caso concreto:

A secretária do gerente da empresa XZ entra animada:

– Dr. Cesar, acabei de fazer as reservas para o congresso!

– Conseguiu colocar todos no mesmo hotel?

– Sim! Liguei para uns 15 ou 20 hotéis, mas consegui!

– Excelente! Bom trabalho.

Ela sorri, agradecida e continua:

– Vão ficar dois em cada quarto, mas é um número ímpar de pessoas, isso quer dizer que um dos funcionários vai ficar com o quarto só para ele! A quem o senhor quer dar esse presente?

O gerente reflete por uns instantes e decide:

– Ao Almeida! Ele bateu a meta, veste a camisa da empresa... merece a regalia!

Alguns dias depois, na recepção do hotel, o Almeida se apresenta:

- João Almeida, da empresa XZ.

- Um momento... quarto 1501. Andar alto, vista bonita! – diz o recepcionista.

- Diga-me, por favor, quem está comigo no quarto?

- Ninguém, só o senhor!

- Mas... não são dois em cada quarto? Veja, por favor, o Francisco Neto.

- Ele está no 301, com o Paulo Jorge.

- Pois é! Não se importa de verificar mais uma vez se não tem ninguém comigo?

- Já verifiquei... só o senhor.

O Almeida muda o semblante e tira a sua conclusão:

- Quer dizer que me jogaram sozinho num quarto... eu já desconfiava que o gerente não vai com a minha cara... agora ficou claro!

O *presente*, aos olhos da secretária; a *regalia*, aos olhos do gerente... foi puro *menosprezo* e *desconsideração*, aos olhos do Almeida.

Uma coisa é "estar sozinho num quarto", outra é "ter um quarto só para si"!

Para o gerente, era "óbvio" que o Almeida ia ter *um quarto só para si*. Cuidado com o óbvio! *Cada cabeça... uma sentença*. Isto é: nem todos pensam como nós!

Para ter boa Comunicação não basta a boa intenção!

Então que passos dar para ter uma boa Comunicação? O que fazer para termos uma plena compreensão das pessoas? Como podemos ver as coisas como elas são? E como podemos fazer as pessoas enxergarem nossas estórias como elas são, através das palavras que escolhemos para encher as folhas brancas?

Primeiro passo: **permita que as pessoas vejam com o coração!**

Os "olhos do coração" vão além da lógica, da evidência, do óbvio: eles veem o invisível!

Ao longo deste livro teremos o "passo a passo" dos cuidados, das ações, das técnicas e dos exercícios que nos levarão à boa Comunicação!

Pela estreita ligação com o coração, destacamos um dentre os passos fundamentais: a *empatia!*

Empatia é colocar-se no lugar do outro. É sentir no nosso coração o que o coração do outro está sentindo.

Para isso é preciso *saber ouvir!* Estar disposto a ouvir mais e a falar menos. Uma coisa é o que a pessoa *fala*, e outra, bem diferente, é o que ela *quer dizer.* Só ouvindo o outro com interesse é que poderemos ir além das palavras!

Quando um colega diz "*Se quiser, pode vir...*", é uma opção que ele nos dá, ou expressa o desejo velado de que a gente não vá?

A empatia constrói pontes entre as pessoas, melhora a comunicação, cria laços! Quer ver?

No ano 32, Jerusalém fervilhava de judeus e prosélitos que lá estavam para a festividade das Barracas. A multidão estava dividida quanto à ação de Jesus, o Nazareno: uns queriam que ele fosse preso e outros não concebiam como um instrutor daqueles poderia ser preso.

Ao saberem que Jesus estava no Templo, os principais sacerdotes e os fariseus mandaram os guardas buscá-lo.

Jesus ensinava ao povo e clamava: "Se alguém tiver sede, venha a mim e beba... do seu mais íntimo manarão correntes de água viva".

Ao ver os guardas, Jesus prosseguiu sem se intimidar. As suas palavras deleitosas iam penetrando nas mentes e nos corações de todos os ouvintes... alguns queriam que Jesus fosse preso, mas ninguém punha a mão nele!

Quando os guardas regressaram, sem Jesus, os principais sacerdotes ficaram furiosos! Queriam saber qual a razão para o não cumprimento da missão.

Qual foi a resposta?

"Estava armado", "fugiu", "escondeu-se"? Não.

A razão foi: *"Nunca homem algum falou como ele!"*

A *Palavra* tocou o coração daqueles homens! A boa Comunicação os desarmou.

E alguém negará que *a comunicação é uma relação entre pessoas?*

É especialmente esta forma de comunicação "entre pessoas" que aqui focaremos e pretendemos aprimorar. Ela permitirá que a nossa mensagem chegue com mais eficiência ao leitor, com um maior poder de persuasão (e sedução), e, é claro, com a alegria de sermos reconhecidos como alguém que "comunica bem"!

Aqueles que leem livros não o fazem porque *desejam ler*, e sim porque *desejam viver o que as páginas comunicam*. É isso o que todo autor deve ter em mente quando escreve suas estórias, sejam repletas de ficção e de faz-de-conta ou mesmo relatos verídicos: o seu trabalho, enquanto autor, deve ser o de proporcionar *experiências* àqueles que estão virando as páginas do seu livro. E isso só se consegue se a Comunicação funcionar muito bem!

Parte um
Comunicação escrita

Capítulo I

O que é comunicação?

"O maior problema da Comunicação é a ilusão de que ela tenha ocorrido." (George B. Shaw)

Antes de entrarmos nos meandros da *nossa* comunicação é bom estarmos conscientes da abrangência e da importância da Comunicação, com "C" grande!

Comunicação vem do latim *communicare* e tem uma história de significados riquíssima. Os principais sentidos da palavra latina são os de *compartilhar*, de *tornar comum*, *comungar*. Assim é na Literatura, assim é na vida.

Os delicados e intrincados ecossistemas que mantêm a vida no nosso planeta dependem da comunicação entre plantas, animais e seres humanos.

Como prova, vamos dar uma espiada na vida do simpático Pinguim Imperador.

Em muitos aspectos, ele é, para nós um, bom exemplo: todo ano "namora" a sua companheira, como se fosse a primeira vez!

Por volta de junho começam as primeiras *cantadas*, juras de amor... "Oh que afagos suaves, que ira honesta!" É inverno na Antártida, mas o fogo que arde no casal transforma a neve num leito de linho.

Um mês depois a amada chega com um ovo e num "toma que o filho é teu" dá o ovo ao nosso belo Pinguim Imperador — um mocetão de mais de um metro de altura e 40 quilos!

A futura mamãe, com olhar lânguido, se despede e, corajosa, parte em busca de comida, para ela e para o filhão que vai nascer.

Faz 40 graus abaixo de zero, o "paizão" pega o ovo, com cuidado, põe-o sobre as patas, cobre-o com a pele da barriga, endireita-se orgulhoso e ali fica, quietinho! Se o ovo cair na neve o filhão estará condenado.

O tempo passa, já se vão 4, 5, 8 semanas... o mocetão está agora com vinte e poucos quilos, mas — Oh, alegria! — o filho nasceu!

Feliz, ainda tem forças para dar uma primeira refeição ao filho! Mas a vida do guri depende da volta da mãe. Se algum caçador ou predador a matou, o pai não poderá fazer mais nada, e o filho seguirá a mãe...

Mas a mãe voltou! E junto com ela, milhares de outras mamães! São inúmeras mamães e incontáveis papais – todos misturados – *falando* ao mesmo tempo!

Onde está o "amado", no meio daquela confusão? Ela quer ver o filho, trouxe a comida dele! E agora? O que fazer? Quem pode ajudar? A *Comunicação!*

No meio daquela algazarra – *tchiu, tchiu, tchiu!* – a mamãe reconhece a voz do papai! Vão falando, vão se comunicando, ela vai se aproximando, esbarra num, esbarra noutro, já está pertinho, pertinho... e vê o filhão!

A familia está feliz... e a vida continua, graças à *Comunicação!*

Os animais se comunicam com tal arte e engenho que fazem ciúmes a cantores, a bailarinas, a atletas de nado sincronizado. Suas expressões de afeto e carinho pelos filhotes – ou pelos donos – emocionam os corações mais durões...

Pesquisas de clima organizacional – das multinacionais às pequenas empresas, e nos mais variados ramos de atividade – revelam, dentre os principais problemas nas empresas, as dificuldades de relacionamento.

Relacionamento: entre chefe e colaboradores, entre colaboradores, entre chefes. Na origem dessas dificuldades estão, é claro, os problemas de Comunicação.

Vejamos que problemas são esses, *construindo* a definição do *Comunicar*.

Comecemos pela definição mais comum:

Comunicar é: **Falar!**

Nihil est in intellectu quod prius non fuerit in sensu, nisi intellectus ipse.

Com alguém que nos fale assim (em latim), haverá comunicação?

– Mas hoje ninguém fala em latim! – dirão alguns.

É verdade, hoje o latim é uma língua morta. Mas sem nos darmos conta, muitas vezes falamos "em latim" com as pessoas!

Quando um conhecido, ou cliente, pergunta:

– Como vai o trabalho?

E respondemos:

– Agora estou na DGC, é diferente do CTN! Já estava habituado com o pessoal do Prisma... mas no DUC também tem gente boa!

Tony Correia no filme português *Dot.com*
de Luis Galvão Correia.

Para a maioria das pessoas isso é "latim"...

Quando numa viagem ao exterior alguém nos pergunta:

- Como está o Brasil?

E respondemos:

- As UPPs funcionam, o PAC e as PPPs estão enroladas... mas derrubamos a PEC!

Continuamos a falar "latim"!

Cuidado com as siglas. A pessoa está familiarizada com o nosso jargão?

Na maioria dos casos, as usmos num contexto diferente do que estamos habituados, sem nos damos conta disso. Então falamos... mas ninguém entende!

Assim, tanto no seu texto, como no seu dia a dia, é preciso cuidar para que as palavras que você emite não sejam um simples *falar*, mas sim um Comunicar completo.

Conclusão: não basta *falar*. Se as pessoas não nos compreendem, não há Comunicação! Temos que falar *a mesma língua*!

Vamos enriquecer a definição de Comunicar acrescentando esta precisão:

Comunicar é: **Falar... a mesma língua!**

Será suficiente?

Portugueses e brasileiros falam a mesma língua. Vejamos o que pode acontecer (e aconteceu a mim, Tony...):

"A primeira vez que vim ao Brasil, tinha 22 anos, cheguei em pleno verão carioca. Deixei Portugal com um frio de rachar, e chego a um Rio 40 graus! As roupas que trazia comigo eram quentes e pouco apropriadas à nova estação. Resolvi comprar algo mais leve.

Diriji-me a uma loja em Copacabana, onde uma vendedora, mulata bonita, sorriu e veio na minha direção.

— Posso ajudar?

Olhei-a nos olhos por alguns segundos e pedi:

— *Queria uma camisola!*

Surpresa com o pedido, ela repetiu:

— *Uma camisola... de que tamanho?*

Eu abri os braços, mostrando o peito.

— *Ora, com este calor... eu prefiro que fique um tanto larga!*

Ela olhou-me da cabeça aos pés e, com estranheza, confirmou o pedido:

— *Uma camisola... para o senhor! Um momentinho...*

A vendedora saiu e voltou com a gerente, que me faz as mesmas perguntas e a quem fiz o mesmo pedido. Perante mais um olhar de estranheza, apontei para outro cliente na loja e disse baixinho:

— *Uma igual à dele está bem.*

As duas olharam uma para a outra e exclamaram, aliviadas:

— *Ah! Uma camiseta!*

Quando cheguei à casa de meus tios, comentei, intrigado:

— *É pá, não entendi a cara das meninas quando pedi uma camisola para mim...*

O coro foi uníssono:

— *O que é que você pediu para você?*

E a gargalhada, claro, foi geral!

Dias depois, fui ao cinema com o meu primo. Ao ver a imensa fila do cinema Roxi, disse-lhe:

– Não vamos ficar aqui, com essa bicha grande!

Imediatamente um carioca, gigante, parado à minha frente, com cara de poucos amigos, me encar*ou*, *levantou o queixo e perguntou:*

– *Falou comigo?"*

Situações, como estas, em que – embora falando a mesma língua – temos problemas de Comunicação, são inúmeras!

Algumas dessas situações podem ter consequências graves ou até mesmo trágicas: a má compreensão de uma instrução pode causar um acidente, uma má redação sobre a medicação de um paciente pode ser fatal!

Imagine, então, se você descuidar do seu Comunicar na sua estória. Estará frito! Quando seu livro sair da gráfica e for para as editoras, e delas para os leitores, estará acabado: você não poderá saltar da página, como se fosse um holograma, e dizer ao leitor: "olhe, aqui, não foi bem isto o que eu quis dizer. Na verdade o que eu tentei mostrar foi que...". Não. O ditado, sábio, diz que três coisas não voltam atrás: a flecha lançada, a palavra dita e a oportunidade perdida. Assim, seja num discurso oral ou através das páginas da sua estória, fique atento, ou terá que dizer uma frase como aquela que atribuem ao ex-presidente Fernando Henrique Cardoso: "Esqueçam o que eu escrevi".

Então, talvez pensemos "Ah, mas é natural que de um país para o outro haja mudanças"! É verdade.

Mas – no Brasil – se um carioca e um santista pedem "uma média", estão pedindo a mesma coisa? No Rio, "média" é café com leite, em Santos... pão com manteiga!

Quando a bonita gaúcha entra numa padaria baiana e pergunta, inocente, "Tem cacete quentinho?", o pão que ela deseja poderá estar frio, mas os olhares...

Conclusão: Não basta *falar a mesma língua*! Temos que falar a mesma língua e **compreender**!

Então a definição de Comunicar, com o que ficou evidenciado, passará a ser:

Comunicar é: **Falar a mesma língua... e compreender!**

Será que agora é suficiente?

Vimos que de um país para outro, de uma região para outra, os nomes mudam, as palavras podem ter significados diferentes... e na mesma cidade, o que poderia acontecer? Aconteceu a mim (Tony):

"Na sala dos atores da novela das oito, entram dois colegas sorridentes.

Ele: Vi um gato, bem bonito!

Ela: Também eu! Um gato lindíssimo!

Meto-me na conversa e pergunto para ele:

Tony: Era um gato, de que raça?

Ele: Raça humana! Meu bem...

Ao ver a minha cara, a colega responde à pergunta:

Ela: O que eu vi era um Sagrado da Birmânia. Peludo, olhos lindos... Um gato mesmo!

Nesse dia ao sair do estúdio, encontrei o eletricista da novela. Perguntei se estava tudo bem, ele respondeu:

Eletricista: Fomos gravar na favela, eu nunca vi tanto gato!

Tony: Na rua? Abandonados?

Eletricista: Não, cara! Nos postes... ligação pirata!"

Vejam, então, como uma frase tão simples "Vi um gato" pode nos induzir em erro, levantar suspeita ou dar falso testemunho!

A incompreensão pode pôr à prova até a boa reputação.

A Fundação D. Cabral tem excelentes professores e gerentes. É uma das melhores escolas para executivos do mundo.

Um dia, um dos professores, ao receber a lista das cidades onde iria ministrar o curso, viu Recife na relação.

Querendo se assegurar de que a coordenadora de Recife era mesmo a Letícia, ligou para ela e, com um sotaque bem mineirinho, perguntou:

– Letícia, Recife é com "cê" (você)?

– Sim... sim!

– Ótimo, *obrigadim*, viu!

Leticia desligou o telefone e, estarrecida, comentou:

– Como é que pode, um professor da Fundação D. Cabral, me perguntar se Recife *se escreve* com "c"?

É, se não houver uma boa interpretação, não há Comunicação!

E a definição, incrementada com o que aprendemos e vivenciamos passará a ser:

Comunicar é: **Falar a mesma língua, compreender... e interpretar corretamente!**

Como podemos ter a certeza de termos interpretado corretamente o outro e nos assegurarmos de que o outro também nos interpretou corretamente?

Filme *Guerra dos Vizinhos*

A resposta é: dando e pedindo retorno, o *"feedback"*!

"A comissão é de 20%" – do bruto ou do líquido?

"O dólar está a R$ 2,00" – para compra ou para venda?

"A meta é alta, e o Francisco, com essa equipe, não vai conseguir... temos que mudar!" – mudar a meta, mudar a equipe ou mudar o Francisco?

"Bonito!" – é bonito mesmo ou significa "que borrada!"?

"Irado" – é colérico (geração X) ou legal (geração Y)?

E a conclusão da definição do que é comunicar?

Comunicar é: **falar a mesma língua, compreender, interpretar corretamente e dar/receber** *feedback*.

Exercícios:

Faça uma lista das siglas que lhe são mais familiares.

Nos próximos 3 dias observe quantas usou e em que circunstâncias o fez.

Entre colegas de trabalho? Em casa? Numa reunião social? Num culto religioso?

Depois analise e pergunte-se: Estou sendo criterioso? Em que situação sou mais "vulnerável"? Quando estou mais à vontade, ou numa situação mais estressante?

Pode usar o mesmo princípio e fazer uma lista com as expressões eruditas que usa com mais frequência. Siga o mesmo proceder.

Repita o exercício um mês depois e analise os resultados.

Você certamente constatará uma melhora, mas haverá siglas mais renitentes, que deverão ser trabalhadas. Continue vigilante!

Capítulo II

Por que comunicação?

"Escrita, a arte de comunicar pensamentos à mente através dos olhos, é a maior invenção do mundo... permite que nos comuniquemos com os mortos, os ausentes, os não-nascidos, em todas as distâncias de tempo e espaço."
(Abraham Lincoln)

O poder da palavra – texto e subtexto

O general Napoleão Bonaparte, futuro imperador, acompanhava com ar sério a execução dos condenados à guilhotina. Os homens, em fila indiana, cabisbaixos, subiam as escadas do cadafalso e, literalmente, perdiam a cabeça...

Certo soldado, ao subir no primeiro degrau, gritou:

- Meu general, não concordo com o jeito de como vou morrer!

Napoleão, como bom general, sabia que para um soldado era mais honroso morrer fuzilado do que guilhotinado. Talvez pensando nisso, perguntou:

- Então, de que jeito queres morrer?

Responde o soldado:

- De velhice, meu general!

Surpresa e gargalhada geral! E Napoleão poupou-lhe a vida!

"Admiro um homem que mesmo em face da morte, mantem o bom-humor e tem uma palavra a dizer!" disse Napoleão.

A palavra certa, no tempo certo... *pode gerar comunicação capaz de salvar vidas!*

Em época ainda mais antiga, Sócrates, o grande filósofo grego, considerado pelos seus contemporâneos como um dos homens mais sábios e inteligentes, deu-nos um belo exemplo de como "Saber Ouvir"!

Certa vez, em Atenas, onde Sócrates nasceu, chegou junto dele um jovem, ansioso por lhe contar o que ouvira dizer. Disse o jovem:

- Sócrates, sabe o que o seu amigo Glaucon falou de você?

Animado, ia abrir a boca, quando, com um gesto, Socrates o silenciou. Sem desviar o olhar, perguntou:

- O que vais me contar, já o passaste pelas 3 peneiras?

- 3 peneiras! Que peneiras?

Sócrates olha para ele e, com serenidade, enumera as peneiras:

- Já o passaste pela peneira da **Verdade**? Te asseguraste de que aquilo que vais me dizer é a mais pura verdade?

- Não... disseram-me que ele falou, mas eu não o ouvi, nem procurei confirmação.

Sócrates continuou:

- Já o passaste pela peneira da **Bondade**? É uma coisa boa que vais me contar?

- Não... não é coisa boa...

Sócrates meneia a cabeça e prossegue:

- Já o passaste pela peneira da **Utilidade**?

O jovem hesitou por uns instantes por fim respondeu:

- Não! Não é útil!

Sócrates olhou-o nos olhos e concluiu:

- Então, meu jovem, se o que vais me dizer, não sabes se é verdade, não é uma coisa boa e nem sequer é útil... não só te peço que não me contes, mas te imploro que esqueças!

Socrates dizia que "A Palavra é o fio de ouro do pensamento"!

Dizia também que "A Verdade não está com os homens, mas entre os homens".

Na síntese dessas frases está o segredo da força da palavra. Para que a Verdade se revele, os homens precisam se comunicar, conversar, contar histórias, cantar, confabular, confessar, comungar, trocar ideias, expôr pensamentos. E, da palavra dada, compartilhada, emergerá a concórdia, a harmonia, e brilhará a Verdade!

O diálogo favorece o encontro, o bom-humor evita o confronto e a conversa afável transforma o desconhecido em alguém... talvez até num amigo!

Tem facilidade de conversar com outras pessoas? Para pessoas mais tímidas, iniciar uma conversa, especialmente com alguém que não conhecem, é um grande desafio!

O que pode nos ajudar a começar uma conversa?

Pequenas coisas, mas que estão no nosso código ancestral, por exemplo:

Um sorriso cordial!

Ao sorrir passamos para a pessoa a ideia de que não somos "inimigos", mas hospitaleiros! Abrir o sorriso é como abrir a porta e dar boas-vindas!

Um cumprimento amigável!

Ao se cumprimentarem com a mão direita – a mão que pega a espada – os cavaleiros mostravam que não eram beligerantes, vinham em paz.

Um elogio sincero!

Por mais "fria" que seja a pessoa, ninguém resiste ao calor do elogio merecido!

Seja observador!

Logo verá o que é importante para o outro (mostrará interesse nele) e descobrirá os pontos em comum.

Fale palavras temperadas com sal!

Contar uma boa experiência, dar um comentário bem humorado, fazer perguntas pertinentes (e ouvir as respostas) evitando exageros e assuntos que possam magoar, permitem que a conversa flua e que as pessoas se conheçam e estreitem os relacionamentos.

Para Sócrates, deveríamos (especialmente os juízes e os chefes) ter quatro características:

Ouvir cortesmente.

Responder sabiamente.

Ponderar prudentemente.

Decidir imparcialmente.

Dessas quatro características vale destacar agora o "Responder sabiamente".

O ator, na preparação e construção do personagem que irá interpretar, tem sempre em mente: o *texto* e o *subtexto*.

Isto é:

Uma coisa é o que o personagem *fala*... outra é o que ele *quer dizer*!

Uma coisa é *o que ele pergunta*... outra é *o que ele quer saber*!

Uma coisa é *o que* dizer (ou responder)... outra é *como* dizer!

O mesmo se aplica, é claro, para o autor.

Muito daquilo que o leitor deve compreender não necessariamente deverá constar expressamente do texto. No cinema, na TV, no teatro, a utilização do *subtexto* é muito mais simples, porque a audiência está ali, frente a frente com os personagens, analisando o tom da voz, o olhar, a linguagem corporal como um todo.

No livro isso não acontece.

No livro os personagens não passam de letras que formam palavras que formam sentenças que formam parágrafos que formam capítulos. O cérebro do leitor irá decodificar tudo isso para permitir-lhe que enxergue aquilo que você, autor, tentou dizer. Contudo, se o trabalho do texto e das personagens é bem realizado pelo autor, *torna-se possível dizer ao leitor coisas que fogem ao texto*. O que *não se diz*, muitas vezes, é tão ou mais importante do que as palavras que efetivamente são pronunciadas.

O subtexto é o sentido implícito nas palavras que retratam o sentido explícito.

Assim, o subtexto é aquilo que se encontra submerso, a maior parte do iceberg. A discussão entre dois personagens por um alegado motivo, mas que, por conta das circunstâncias, dá a entender que o motivo é, na realidade, outro. As pessoas, na vida real, muitas vezes dizem uma coisa querendo dizer outra. Lembra-se do exemplo do amigo que lhe diz "vem, se quiser", e nem sempre é possível distinguir com certeza se foi um convite para acompanhá-lo ou se, implicitamente, ele demonstrava que na realidade não gostaria que você o acompanhasse? É isso.

E não apenas de "perguntas" bem elaboradas vive um bom texto.

A resposta sábia também pode dizer muito, e esta pressupõe conhecer o motivo da pergunta, ter o discernimento sobre as implicações da resposta e usar as palavras e o tom apropriados.

Quando perguntaram a Jesus "É lícito a um judeu pagar imposto a César?", a pergunta não visava o esclarecimento do assunto, era tendenciosa! Como um iceberg, escondia algo bem maior e perigoso, era uma armadilha! Se Jesus dissesse que não, estaria perdido.

Guerra dos Vizinhos: Angela Dip e Tony Correia

Jesus discerniu o ponto de vista e os interesses de quem fez a pergunta. Pensou na resposta. Pediu a moeda e, respaldado na efígie de César, surpreendeu a todos – amigos de César e de Herodes – com uma resposta sábia, lapidar:

"Dai a César o que é de César e a Deus o que é de Deus". Resposta antológica! A maioria das pessoas que o ouviu dizer isso simplesmente não conseguiu ter certeza se Jesus estava dizendo que o pagamento do imposto era ou não lícito. As duas interpretações poderiam decorrer da frase. Jesus divulgou sua mensagem de acordo com sua plateia.

Constantin Stanislavski, o grande diretor, ator e escritor russo, pregava a utilização do subtexto como uma forma do ator dar ao personagem a vivacidade e a verossimilhança necessárias para que o espectador, além de ouvir o texto, possa compreender a *motivação* do personagem, tanto *antes* como *depois* do texto dito. Tudo aquilo que não é dito deve estar em conformidade, em consonância, em sintonia com o que é dito, e, assim, *reforçar ainda mais o que as palavras dizem explicitamente.*

Assim, quando você vai escrever suas estórias, ou quando vai contar estórias a uma plateia, deve ter em mente *que tipo de mensagem pretende comunicar*, e *como* fará isso. Seus leitores iniciarão a leitura com suas próprias expectativas, pretendendo extrair daquelas páginas algumas horas de divertimento, uma bela mensagem, ou qualquer outra coisa que *você*, autor, pretendeu divulgar. Se se comprometeu a entregar ao leitor – ou ao ouvinte – o conteúdo "A", "B" ou "C", deve certificar-se de que conseguiu fazê-lo.

Isso porque os leitores estão cada vez mais seletivos sobre o que leem e como leem. Eles leem para realizar os seus próprios propósitos, e interpretam os textos com base nos seus próprios conhecimentos. A leitura é um ato voluntário, as pessoas não são obrigadas a ler. Há uma enormidade de material disponível, que compete pela atenção dos leitores. Esses leitores são, por isso, obrigados a ser seletivos, e o fato de terem começado a ler um texto não significa que o lerão do início ao fim.

Por isso as habilidades de escrita são uma parte muito importante da comunicação, sendo que a excelência dessas habilidades permite um comunicar com clareza, com exatidão. Vivemos numa época em que qualquer um pode ser seu próprio editor, e por isso nos deparamos com cada vez mais exemplos de falta de habilidade de escrita, o que pode levar os leitores a terem primeiras impressões ruins, gerando uma reação negativa imediata.

Tanto a ortografia como as regras de pontuação são fundamentais na comunicação escrita. Afinal de contas, você certamente não quer que os seus leitores tenham mais trabalho do que o necessário para compreender a mensagem que você deseja comunicar.

Por isso, depois de escrever, leia o seu trabalho em voz alta. Isso ajuda, e muito, a melhorar a sua habilidade de escrita. Mas nenhuma fórmula ajuda mais a escrever *melhor* do que escrever *mais*. Você não precisa mostrar para outras pessoas tudo o que escreve. Tenha em mente que a prática, se não leva à perfeição, ao menos vai empurrar você através do caminho interminável que segue em direção ao texto perfeito. Sim, porque o fato de que não se pode atingir a perfeição não é motivo para não buscá-la!

Ser capaz de comunicar de forma realmente eficaz, através do meio que seja, é uma das mais importantes habilidades que uma pessoa pode desenvolver. Lembre-se de que *como* dizemos é uma forma muito importante de transmitir a mensagem. Mensagens diferentes podem ser transmitidas de acordo com **a forma** como são transmitidas.

A habilidade de ser capaz de escrever com clareza e eficácia é a chave para a boa Comunicação, e tal habilidade não deve ser limitada a jornalistas ou escritores. Qualquer que seja a sua área de atuação, a Comunicação eficaz é essencial.

No caso dos escritores, a má comunicação escrita pode ser especialmente frustrante para o leitor, e, por isso, altamente prejudicial para o autor. Nestas páginas você encontrará dicas que irão ajudá-lo a entender e, assim, a superar os mais corriqueiros erros que levam à má comunicação, e dessa forma, ainda, a melhorar a maneira como você se comunica usando a palavra escrita ou a falada.

Conflito

É preciso ter em mente que as pessoas não querem *ler sobre as emoções* que estão sendo vividas pelos personagens das estórias, mas sim *senti-las elas mesmas*. As pessoas lerão sua estória porque *querem ser alguém diferente por algumas horas*. Seja a adrenalina de ser um espião correndo contra o tempo para evitar uma guerra nuclear, ou a paixão irrefreável entre duas pessoas separadas pelas circunstâncias da vida, o seu leitor quer *sentir emoções, não ler sobre emoções*. Por isso é absolutamente imprescindível que você, enquanto autor, seja capaz de *comunicar essas emoções aos leitores*, de fazê-los senti-las.

E é claro que *a única forma* que um autor tem de *comunicar emoções* aos leitores é através da *estória*. Mais do que isso: através de personagens em conflito.

Então você pode se questionar: ora, mas *sempre* deverá haver um personagem em conflito?

Sempre. O personagem pode ser uma pessoa, um pássaro, uma bactéria ou uma pedra. Não importa. O que importa é que a comunicação da estória só alcançará o leitor através dos conflitos experimentados pelo personagem.

Assim, seja uma moça em dúvida sobre se realmente deve se casar com o rapaz rico que a ama incondicionalmente, abrindo mão de viver a grande paixão da sua vida com o pobretão que espera que ela não se case; seja a mamãe-pinguim em sua jornada para buscar alimento para o filhote que nascerá do ovo que deixou o marido chocando; seja uma bactéria que decidiu se rebelar contra sua natural unicelularidade, ou mesmo a pedra que decidiu ficar no meio do caminho: **conflito**.

A etimologia da palavra *conflito* remonta ao Latim do século XV, de *conflictus*, que deriva de *confligere* (*com* [com]+ *fligere* [bater, golpear]), ou seja, pressupõe um desacordo, uma oposição, um **antagonismo**.

É por isso que toda estória **precisa** de um antagonista. O antagonista não precisa ser uma pessoa, na forma de um vilão. O antagonista pode muito bem ser uma *adversidade climática* (a seca prolongada ou o inverno rigoroso), ou mesmo as próprias contradições psicológicas do personagem.

Mas o conflito deve existir, porque sem conflito não há questão a ser resolvida, e sem questão a ser resolvida tudo o que o autor poderia mostrar ao leitor seria uma monótona e desinteressante exposição do dia a dia do personagem. Dia a dia o autor deve reservar para o seu diário.

Quer um inquestionável exemplo de como o conflito é essencial para a estória?

Vá à seção de "biografias" de uma livraria e procure, com esforço, uma única publicação que retrate o relato da vida de alguém que não viveu conflitos. Não importa se foi uma princesa da Inglaterra que se divorciou do príncipe para viver um novo amor, ou um magnata da mídia que construiu seu império a partir do nada, ou aquela estrela do rock que experimentou tantas substâncias ilícitas quantas possíveis durante o apogeu da carreira, ou mesmo um festejado chef de cuisine que decidiu declarar guerra contra a *fast food*. Isso porque toda estória, ainda que retrate os fatos verídicos ocorridos na vida de uma pessoa, precisa permitir o estabelecimento de um processo de *identificação* com o leitor, apto a lhe comunicar, de uma forma interessante, os fatos que pretende narrar.

Então vejamos... se eu tiver um personagem e um conflito interessantes, eu terei uma estória?

Ainda não. Não é *qualquer* conflito que permite a construção de uma estória. A mera briga entre vizinhos por causa de uma árvore de um deles que faz caírem folhas na piscina do outro não é um conflito suficiente para a construção de uma estória. Existe um ingrediente especial que deve temperar o conflito. Qual seria?

A *mudança*.

O personagem deve sempre buscar uma mudança. O que faz com que a estória consiga estabelecer a *identificação* com o leitor é justamente o fato de que mudar é muito mais difícil do que permanecer na mesma situação. Assim, de nada adianta você criar, para o personagem, uma situação que seria muito desconfortável para o leitor, se não dotar esse personagem da *vontade de mudar a situação*. E é do *embate* entre a *dificuldade de mudar* a situação e a *vontade de mudar* a situação que nascerá o conflito perfeito para uma estória. Quanto maiores forem as dificuldades do personagem para superar os obstáculos que se impõem à mudança que ele deseja, mais forte será o conflito.

Diálogo

Como foi dito, tudo – absolutamente tudo – na sua estória deve servir para que ela se comunique eficazmente com o leitor. Especialmente na literatura comercial, de entretenimento, que segue, sim, algumas regras básicas com o objetivo de manter o leitor grudado às páginas, *o que não servir para comunicar a estória deve ser cortado.*

Isso se aplica, também, é claro, aos diálogos.

A grande importância dos diálogos é *ajudar o leitor a saborear uma experiência emocional ainda mais profunda*, mais sensorial, porque será capaz de absorver parte da estória através de vozes diferentes – *as vozes dos personagens.*

Função parecida tem o monólogo interior, quando o autor invade o cérebro e a alma do personagem para escancará-los para o leitor, da maneira mais íntima possível, sem dar nomes às emoções, mas apenas mostrando-as e fazendo com que o leitor as sinta.

Por isso, uma das regras de ouro do diálogo é a seguinte: **diálogos servem para fazer o conflito da estória seguir em frente**. O autor não deve simplesmente botar na boca dos personagens palavras apenas porque elas são bonitas.

"Ora, então por que eu preciso de diálogos, se assim como a narrativa, eles servem para fazer a trama avançar?"

Simples: *por que as pessoas falam*. Elas conversam entre si. Elas encenam monólogos interiores quando estão sozinhas. Seria inverossímil, portanto, que não existisse alguma forma de diálogo no decorrer de toda uma estória.

Faça uma experiência. Imagine que você cresceu em uma aldeia em que as pessoas não se utilizam de qualquer forma de comunicação, seja verbal, seja escrita ou mesmo por meio de gestos. Agora imagine que você, sendo essa pessoa que não possui na mente *uma só palavra para designar qualquer coisa que seja*, se vê subitamente perdida no centro de uma grande cidade, como Nova York ou São Paulo, com pessoas indo e vindo de todas as direções, prédios enormes, aviões cruzando o céu. Então você passa vinte anos na cidade grande, aprende a falar, a escrever, a *se comunicar*. E aí, num passe de mágica, volta para o seu vilarejo, encontrando-o exatamente como o deixara, como se nem um segundo tivesse passado durante a sua ausência.

Agora, para completar a experiência, imagine de que forma você contaria a todos tudo aquilo que aprendeu durante sua viagem.

Parece difícil, não? É praticamente impossível, porque *a comunicação é da natureza humana*. Aliás, é da natureza dos seres vivos como um todo, tendo se desenvolvido, com os humanos, a níveis elevados. Que algumas pessoas a utilizam de maneira mais fluída e eficiente que outras, isso é inegável. Verdadeiros reis da oratória e da comunicação encontram-se no restrito rol dos privilegiados com um dom exacerbado. Isso não quer dizer, contudo, que não seja possível *treinar e melhorar* a comunicação.

Na comunicação literária o diálogo serve, de certa forma, para o autor *alterar o ritmo da narrativa*, da *exposição* do narrador. A ação, que até antes do diálogo era relatada por meio do ponto de vista do personagem, agora fluirá *diretamente* da boca do personagem. E isso é essencial para que você consiga demonstrar para o leitor *quem* é o seu personagem sem ter de recorrer a métodos amadores e absolutamente desinteressantes como o de *dizer ao leitor quem é o personagem, e por que ele é assim*. Esse tipo de informação não se *conta* para o leitor, se *mostra*. E o diálogo é uma ótima oportunidade de permitir que os leitores *vejam* o personagem e o *entendam*.

Parte dois
Comunicação verbal

Capítulo III

O "Espírito Demóstenes"

Todo discurso é vão e vazio, a menos que esteja acompanhado de ação. (Demóstenes)

Demóstenes, lembramos, não nasceu com o "dom" da oratória, mas, com notável esforço, boa técnica, disciplina e perseverança, tornou-se o maior orador grego!

Aí você poderá pensar: "ora, mas eu quero ser um escritor, não um orador!"

Pois hoje, no século XXI, ser um escritor, apenas, não basta. A era dos escritores reclusos e afastados do público já ficou para trás há muito tempo. De um tempo para cá os escritores – mesmo os renomados e festejados! – têm aderido cada vez mais às mídias sociais, a interações diretas com seu público, através de *posts* no Facebook, no Twitter, colunas em *blogs* e por aí vai.

E então você, com alguma insistência, poderia dizer: "certo, mas tudo isso *ainda é **escrever**, e não falar!*"

Pois preste atenção à nova geração de autores. Não falamos dos imensos *best sellers* mundiais, mas dos que estão iniciando ou que iniciaram há pouco a sua jornada no mundo das letras.

Canais de vídeos no Youtube, para divulgação do trabalho.

Entrevistas a rádios e até a canais de TV locais, ou regionais.

Lançamento dos livros.

Palestras sobre o seu trabalho.

Você ainda acredita que tudo o que um escritor precisa saber é como *escrever* bem? Não se engane.

O mesmo se aplica, e em grau de importância ainda maior, àqueles cujo trabalho consiste justamente em divulgar conhecimento através da comunicação verbal. Palestrantes, *coachs*, conferencistas.

Vamos! Aproprie-se do "espírito Demóstenes", tenha a firme convicção de que pode (e quer) melhorar a oratória, de que vai progredir na arte de ensino, de que terá outra presença e de que ninguém (a não ser você mesmo) será capaz de impedi-lo de subir os degraus da divina escadaria do *Comunicar*!

Comunicar eficazmente é uma arte!

Já se publicaram muitos livros sobre comunicação. Temos muita informação sobre o aparelho fonador, sobre como o cérebro processa os dados e qual a região da fala. Também já sabemos muito sobre a respiração e a postura...

Então como este manual pode ajudar? Que algo *a mais* encontrará o leitor?

O que irá surpreendê-lo e ajudá-lo a visualizar, a imaginar, a ouvir os diálogos, a se apropriar da técnica e a se maravilhar com o seu próprio progresso?

Como diria Carlos Drummond de Andrade, "*a resposta é simples como um verso*": este livro é escrito por um **ator** com **alma de poeta**!

O ator tem de trabalhar a emoção e a técnica, para se comunicar com o público. Comunicação tal – capaz de tocar o coração, cativar a mente, atraír, envolver e emocionar – que nos permite ouvir um suspiro, na última fila e ver uma lágrima do camarote... que segredos tem a cochia, e que magia tem o palco?

"Alma de poeta" é o que *vai lá dentro, vê o lá fora* e cria harmonias entre energias que nos movem, cria pontes entre o eu, o nós e o universo!

Disse Cecília Meireles: *"Minha vida é completa / Não sou alegre nem sou triste / Sou poeta."*

Há alegria e tristeza no barro de que somos feitos... sem os minúsculos grãos de poeira do barro, o vapor de água não se condensaria em pequenas gotas... não haveria chuva, nem arco-íris!

Humano (e Humanidade) vem de *"Humus + mano"*.

Humus é a *terra fértil*!

Mano é *mão*! Mão que molda o barro – Mão criativa!

A *ação de criar*, em grego, é *Poiesis* (poesia), e aquele que cria é o *Poietis* (poeta)!

Assim, ser "Humano" implica ter na essênciaa fertilidade e a criatividade!

O "Ser Humano" (na alma) é ator e poeta.

Atores gostam de aprender. O "novo" é a semente que cai na terra fértil (humus) e que o ator transforma e frutifica...

Poetas gostam de sonhar. Querem que o *poemai* (o poema) tenha o toque da sua *mano* (mão), seja criativo!

O ator e o poeta são ambos "fingidores"! Buscam o *ethos* – morar (com a ética) – convivem com o "Faz de conta", com o "Era uma vez", gostam de rir e sofrer, de viver e contar histórias...

São esses ingredientes que nos atraem – com que nos identificamos – e que nos dão vontade de escutar, de imitar, de ler, de rir e chorar, de aprender, de seguir.

Faça do desejo de aprender, de se aprimorar, um hábito vitalício, e nunca deixe de sonhar!ok

Desenvolva este anseio de aprender e sonhar. Tire tempo para observar, saborear, contemplar, meditar, compreender, criar, planejar e se revigorar!

Saiba que aprendemos uns com os outros, mas jamais nos veremos com os olhos do outro...

Empatia e humildade (também vem de humus) aproximarão as visões: a nossa visão e a visão do outro!

Este livro é como uma viagem. Podemos ver coisas interessantes ao longo do caminho, mas o mais importante é chegar ao destino. Neste caso, chegar ao destino, alcançar o objetivo, é ser um bom comunicador! Então, alguns conselhos para otimizar o proveito que tirará da leitura desta segunda parte do livro e, consequentemente, da boa comunicação verbal:

Prepare seu coração!

Escutar, visualizar, fazer regularmente os exercícios, repetir os gestos até que sejam naturais e ensaiar até que fale e faça exatamente como deve ser feito, isto exige uma tal perseverança que só um coração bem preparado e motivado pode propiciar!

Deixe o seu coração antever os benefícios que vai ter à medida que melhorar a comunicação: você vai se aproximar mais das pessoas (elas vão vê-lo de um ângulo diferente), vai aumentar a sua influência na equipe, no círculo de amigos, na esfera social.Vai argumentar, cativar, seduzir, vai dizer a que veio e por que veio.

Cuide da mente!

Os problemas do dia a dia, as ansiedades, o cansaço, as distrações, tudo isso pode "absorver" você, desviar a mente. Mas para se apropriar do que vai comunicar você precisa se *concentrar*!

Abra e fixe os olhos!

Quando alguém na plateia desvia os olhos do palco, ele está distraído! O ator perdeu o contato e terá que agir rápido para restabelecer a comunicação.

Os próximos capítulos poderão ser considerados como etapes da viagem a que fizemos alusão. Articulação, gestos, naturalidade, equilíbrio, uso do microfone, são algumas das etapes a percorrer. Pontos de passagem obrigatórios!

Vamos "olhar com olhos de ver", não desviar o olhar quando algum exercício nos contraria ou nos tira da zona de conforto.

Lembre-se de que Demóstenes raspou metade do cabelo e da barba para não perder o foco! Mantenha os olhos fixos no prêmio. Os bons resultados virão, se não desistir.

Interesse-se pelas pessoas

Escute quando a pessoa fala. Há uma relação direta entre a qualidade da escuta e a importância que damos à pessoa com quem falamos ou ouvimos no auditório.

As pessoas são importantes e todos gostamos que nos dêm atenção. Apreciamos ser chamados pelo nome, ser tratados com respeito. Quando alguém que nos ouve, anota o que dizemos, isso nos dá prazer e falamos mais. Em muitos casos esquecemos que dissemos "tenho pouco tempo"!

Ser admirado e tratado com deferência (sem hipocrisia e com merecimento) toca-nos no íntimo, somos atraídos! E há um benefício adicional: ao nos interessarmos por alguém, estimulamos a nossa memória, retemos mais facilmente o nome da pessoa e o que ela disse. Posteriormente, ao nos dirigirmos à pessoa pelo nome e relembrarmos algum techo da conversa, ou mesmo fizermos alusão ao tema abordado, isso causará um forte impacto nela! Essa pessoa ficará propensa a nos aceitar.

Quando alguém diz "gostei de fulano, achei-o muito interessante!", podemos ter certeza de que o *fulano* soube mostrar interesse pela pessoa, provavelmente ouvindo mais do que falando, concordando e sendo educado.

Dicas práticas:

Anote

Ouviu algo interessante, leu um artigo que lhe chamou a atenção, viu uma estatística reveladora, descobriu algo novo no cotidiano, uma palavra, uma definição... anote!

Aproveite as pesquisas, recorte artigos, guarde citações, anote pequenos detalhes, curiosidades, etc. Tenha um arquivo pessoal.

Essas anotações futuramente enriquecerão palestras, conversas sociais ou artigos que escrever.

Um argumento óbvio, apoiado por um dado estatístico, por uma bela citação, por um exemplo marcante, torna-se impactante e até motivador.

O arquivo pessoal, porém, não deve ser um "saco de entulho" onde se joga tudo. Deve ser um "cofre" onde se guardam joias preciosas! Separe o que é valioso do que é supérfluo e abra o cofre periodicamente.

Preparação

Tenha mente aberta, busque novas ideias, desenvolva a análise e a síntese. Seja prático e objetivo na sua autoanálise:

"Fico ansioso com a ideia de ter que falar em público?" Então: "O que me pode ajudar a diminuir a ansiedade?"

"Como está a minha pronúncia? Qual é o meu estilo? Falo com convicção e sentimento?"

Evite a preparação de última hora. A boa preparação cria a comunicação eficaz... toca o coração!

Aprenda a ensinar

Fale de coração, com entusiasmo, não dê a impressão de dar conselhos da boca para fora!

Tenha sempre presente o *tema* e o *objetivo*.

Para que as pessoas possam melhor assimilar e gravar as ideias, use explicações, ilustrações e aplicações:

– Explicações transmitem conhecimento.

– Ilustrações levam a um grau mais profundo do conhecimento – as de Jesus no sermão da montanha são inesquecíveis!

– Aplicações mostram como aplicar o conhecimento e produzem resultado!

O bom instrutor ajuda a raciocinar, faz perguntas, mostra a diferença entre uma coisa e outra, faz boas comparações. Isso torna o ensino claro e leva o aluno a tirar as suas próprias conclusões. Isso permite uma apropriação efetiva do ensino: das ideias ou da técnica ligadas ao tema.

Ame

O amor desperta o interesse e o interesse evita a má-compreensão – o tirar conclusões erradas. Quando nos envolvemos e usamos bem nossos sentidos e emoções, compreendemos o sentido, captamos o significado e agimos de modo apropriado.

Como causar uma impressão duradoura nas pessoas? Como fazer com que elas guardem e tirem proveito do que dizemos? Como influenciá-las? O amor nos permitirá tocar e estimular a mente e o coração alheios!

Mais do que a habilidade, são as nossas ações, pensamentos íntimos e sentimentos – motivados pelo amor – que aproximam e cativam as pessoas. O amor faz a diferença entre o "querer aparecer" e "querer ajudar".

O amor faz a diferença entre *entreter* e *ensinar*!

O amor faz a diferença entre palavras *fáceis* e palavras *cativantes*!

O amor nos ajuda a causar uma boa "primeira impressão"!

E lembre-se a "primeira impressão" depende mais da linguagem não verbal, do que da verbal. Deixar uma "boa primeira impressão" depende mais do "não dito", do que daquilo que foi "dito".

Se deixar transparecer amabilidade, gentileza, interesse, amor pelas pessoas e amor pelo que faz, você se torna "irresistível", desde o primeiro encontro!

O bom professor, o bom palestrante, o bom autor, tem a responsabilidade de transformar a informação em conhecimento. Quando esse conhecimento é usado para resolver problemas, evitar perigos, ter bons relacionamentos e alcançar objetivos... o conhecimento se torna Sabedoria!

O Conhecimento ajuda (o profissional) a *saber Fazer*, a Sabedoria ajuda (a pessoa) a *saber Viver*! Comunicar é uma relação entre Pessoas, e Amar é uma relação entre Almas!

Se você disser com amor:

– mais do que informar... vai *comunicar*.

– mais do que exigir... vai *estimular*.

– mais do que ensinar... vai *inspirar*!

Comprometimento

Confie no seu potencial

Analise suas motivações e sentimentos

Veja como a comunicação pode beneficiar a sua vida

Seja um exemplo digno de ser imitado, respeitado e amado.

Capítulo IV

Dicção – Estrutura das palavras – Fluência

Para que haja uma comunicação verbal eficaz, temos que falar com clareza. Se não falarmos com clareza, não conseguiremos motivar as pessoas. Se não pronunciarmos palavras facilmente entendidas, as pessoas "desligam". Só nos interessamos – e levamos a sério – o que compreendemos. Falaremos a seguir das principais características da *oratória*. Veremos qual a importância de cada uma e o que fazer para adquiri-la!

Tenha em mente que mesmo dominando vários aspectos da comunicação verbal há sempre a possibilidade de adquirir, aperfeiçoar e melhorar as características de oratória!

Dicção

A base da clareza é a dicção – a boa articulação. Para que a fala seja clara, as palavras têm que ser audíveis e compreensíveis. Isso envolve:

Conhecer, compreender e saber usar o nosso "aparelho fonador".

As cordas vocais e a língua não são os únicos órgãos da fala. Os lábios, o maxilar inferior, os músculos da face e da garganta, o pescoço, os pulmões e o diafragma também fazem parte desse maravilhoso "aparelho" da fala.

Se você não sente que movimenta os músculos da face quando fala, se só respira com a parte superior do pulmão e não usa o diafragma, você certamente tem problemas de dicção. Provavelmente as pessoas têm dificuldade em compreender tudo aquilo que você diz.

Como adquirir, então, uma boa dicção?

A primeira coisa a fazer é: **aprender a relaxar!**

A tensão nos músculos da face, os ombros contraídos (perto das orelhas) e a respiração curta (ofegante), prejudicam o mecanismo da fala. A tensão interfere na devida coordenação: mente – órgãos da fala – respiração.

Este processo deve ser suave e natural. Os músculos do maxilar precisam estar relaxados para reagir prontamente aos comandos do cérebro. Os lábios também devem estar relaxados e prontos para expandir-se e contrair-se rapidamente, a fim de dar o toque final nos sons que se originam na boca e na garganta.

Deixar de abrir a boca o suficiente e não movimentar os lábios fará a voz sair forçada, entre os dentes, e a pessoa ficará com uma voz áspera, abafada e confusa.

A segunda coisa a fazer é: **aprender a respirar**!

Respire fundo, começando pela parte inferior dos pulmões. Crie esse hábito, isso o ajudará a ter uma boa postura, terá um maior volume de ar à sua disposição e permitirá o bom uso do diafragma.

O diafragma é o músculo que separa o tórax da cavidade abdominal. Situa-se logo abaixo das costelas flutuantes, com o qual podemos controlar a saída do ar nos pulmões. Isso nos permite começar e acabar uma frase, sem ter de interrompê-la por falta de ar, prejudicando a compreensão ou até mesmo alterando-lhe o sentido.

Pequeno exercício para "sentir" o diafragma:

Encha bem o peito de ar, lembre-se de começar pela base, a parte inferior do pulmão. Agora solte o ar calmamente... e, no final, empurre o último ar que ainda está lá dentro.

O "empurrão" é dado pelo diafragma!

Inspire novamente, enchendo bem os pulmões de ar. Segure o diafragma pondo as mãos entre o peito (as costelas) e o ventre. Agora solte o ar fazendo o som de um navio à distância: "Vvvuuuuuu!"

Sinta as mãos se aproximando uma da outra à medida que o diafragma controla a saída do ar. Agora repita o "Vvvuuuuuu", mas controlando, "segurando" o diafragma para que o som do barco fique mais tempo e com o mesmo volume: "Vvvuuuuuuuuuuu"....

O bom uso do diafragma é fundamental para cantores, atores e palestrantes. É muitas vezes o segredo do sucesso. O domínio dessa técnica (respiração / diafragma) permite ao cantor dar a nota mais alta, permite ao ator manter o volume e as entonações numa frase extensa, permite ao palestrante dizer as sílabas, as palavras e as frases com ênfase.

A terceira coisa a fazer é: **treinar e treinar**! Por mais habilidade e dom que tenhamos, sempre podemos aprimorar a arte maravilhosa de falar e comunicar.

Exercícios:

Treinando com estes "destrava-línguas":

"O rato roeu a rolha da garrafa do rei de Roma."

"O arcebispo de Constantinopla quer se desarcebispoconstantinopolizar, quem é o desarcebispoconstantinopolizador que o desarcebispoconstantinopoliza?"

"Num ninho de mafagafos com cinco mafagafinhos, enquanto a mafagafa mafagafagava, os mafagafinhos mafagafagavam."

"Num ninho de mafagafos, cinco mafagafinhos há.
Quem os desmafagafizer, um bom desmafagafizador será."

"O pinto está embaixo da pia, quando a pia pinga,
o pinto pia."

"Embaixo da pia tem um pinto que pia, quanto
mais a pia pinga, mais o pinto pia."

"O rato roeu a roupa do rei de Roma e a rainha
com raiva, resolveu remendar."

"Ricardo Bernardo Ferro berrou de raiva. Ao ouvir
o berro de Ricardo Bernardo Ferro, um burro zurrou,
zurrou, zurrou..."

"A salsicha da Xuxa e da Cissa, que é da Cica, e o
salsichão do Cesário, são sem sal."

"Xuxa! A Sacha fez xixi no chão da sala."

"Três litros de trigo para três tigres tristes."

"Três pratos de trigo para três tigres tristes."

"Olha o alho alheio alhures colhido."

Uma palavra de cautela: ao iniciar o treinamento
da dicção (de preferência em frente a um espelho)
exagere a articulação, veja como cada vogal leva a

boca e os lábios a mudarem de posição. Ao dizer **PTK** veja a posição dos lábios (fechados no P) da língua entre os dentes (no T) e da garganta (no K). Diga as sílabas (Pa–Ta–Ko) bem articuladas e fale com extrema precisão. Mas não crie o hábito de falar dessa maneira!

Uma coisa é o treinamento para o bom uso do aparelho fonador, é desenvolver a técnica da boa dicção... outra coisa é falar de modo pedante, sem naturalidade. Mantenha a cabeça erguida, e abra a boca o suficiente para falar. Fale com boa dicção, volume apropriado e no ritmo certo!

A estrutura das palavras

É possível alguém ter uma boa dicção e ainda assim falar de maneira incompreensível ou difícil de entender? Sim, é possível, se falar rápido demais e emendar as palavras de maneira indescriminada!

Para evitar este problema é bom compreendermos a estrutura das palavras da nossa língua portuguesa. As palavras compõem-se de sílabas, formadas por uma ou mais letras, pronunciadas de uma só vez. As palavras por sua vez, agrupadas, formam frases.

A bem da fluência, juntamos algumas palavras, mas sempre temos que ter o cuidado de não alterar o sentido da frase.

A principal dificuldade de compreensão (na maioria dos casos) está ligada ao fato da pessoa pular sílabas ou letras importantes e "comer" o final das palavras.

Emendar as palavras umas nas outras, abruptamente, deixandoa frase sem nexo, confundirá a mente dos ouvintes e, consequentemente, dificultará o entendimento.

A "falta de ar" que obriga a cortar palavras, bem como pausas em lugares errados também comprometem a eficácia e podem desvirtuar o sentido da frase. Falar rápido demais é outra causa muito comum na dificuldade de compreensão!

Fluência

Falar de modo que as palavras fluam, agradáveis – temperadas com sal – sem tropeço, expressando os sentimentos com nítida facilidade... é ser *fluente*!

Para ser fluente é necessário ter um bom vocabulário, evitar o uso de "bengalas", isto é, as interjeições: "bem", "é...", "hum", "agora", "né?", "não é?".

Vários fatores contribuem para a falta de fluência:

– Pausar brevemente em muitos lugares faz com que as falas saiam entrecortadas;

– Falta de preparação;

– Deixar de organizar a matéria de maneira lógica, ao falar diante de um grupo;

– Enfatizar muitas palavras;

– Desconhecer as regras gramaticais;

Enriqueça o vocabulário, diga as frases completas, sem interromper a linha de raciocínio. O objetivo da fluência não é simplesmente falar sem tropeçar nas palavras, é transmitir ideias de modo claro.

Para isso, o bom conselho é: *Pense antes de falar!*

Capítulo VII

Pausas – Entonação – Volume – Modulação (Entusiasmo)

Um pianista famoso disse "Eu não toco as notas melhor do que a maioria dos pianistas. Mas as *pausas* entre as notas... ah!, aí é que reside o segredo da arte!"

Na voz falada o efeito das *pausas* é semelhante! O uso correto das pausas ajuda a dar clareza e mais beleza à fala, além de permitir enfatizar os pontos principais.

Há vários tipos de pausas, mas os dois principais são:

– *Pausas Lógicas*, que dividem uma frase em períodos e facilitam a compreensão.

– *Pausas Psicológicas*, que dão vida aos pensamentos, frases e orações.

A pausa lógica fala ao cérebro, a pausa psicológica fala ao coração. A linguagem sem a pausa lógica torna-se confusa, incompreensível, ininteligível. Sem a pausa psicológica, por sua vez, a linguagem fica fria, sem cordialidade, sem vida!

A pausa lógica é passiva, formal, inerte. A pausa psicológica é ativa e rica de sentimentos e conteúdo interior.

Um veterano ator disse uma vez *"Comedimento no falar; no silêncio, Eloquência!"*. Stanislavski, através de Tórtsov, define a pausa psicológica como: "um silêncio eloquente".

Outros tipos de pausa que podemos mencionar são:

— *Pausas para mudança de pensamento.* Estas pausas de transição são mais longas que as de pontuação.

— *Pausa para dar ênfase.* De maior impacto que a anterior, é usada com dois objetivos: dar aos ouvintes tempo para assimilarem o que acabou de ser dito ou criar expectativa sobre o que se vai dizer.

— *Pausa para permitir uma resposta.* Se formulou uma pergunta retórica, para induzir a assistência a refletir, dê tempo para a reflexão, caso contrário a pergunta não alcançará o efeito desejado.

A pausa é um momento de silêncio que quebra a monotonia, enfatiza, atrai a atenção, ajuda a reflexão e é agradável aos ouvidos. Toda a pausa tem uma função a cumprir, caso contrário é um "buraco".

O "buraco" pode ser uma pausa no lugar errado (dificultará o entendimento) ou uma pausa demasiado longa – dará a impressão que o comunicador não está bem preparado ou que não sabe o que dizer.

Então, como saber onde pausar? E qual deve ser a duração da pausa?

A primeira coisa a fazer com a fala ou as palavras é sempre a de dividir em períodos, para colocar as pausas lógicas no lugar.

As pausas lógicas unem as palavras em grupos (ou orações), assim devemos prestar atenção e respeitar a pontuação.

Os sinais de pontuação – o ponto final, a vírgula, os sinais de exclamação e de interrogação – exigem entonações de voz especiais. Cada um deles tem a sua pausa, suas próprias conotações e peculiaridades. vejamos os principais sinais de pontuação quanto à duração da pausa e da entonação apropriada:

Ponto (.) – Pausa mais longa. Pede o arremate da queda de voz, sem o qual o ouvinte não perceberá que a sentença terminou.

Vírgula (,) – Pausa breve para dar sequência à fala ou à leitura.

Ponto e vírgula (;) – Pausa mais curta que o ponto e mais longa que a vígula.

Dois pontos (:) – Pausa, mas sem mudar a inflexão da voz.

Ponto de exclamação (!) – Expressão de forte sentimento no tom de voz.

Ponto de interrogação (?) – Aumentar a inflexão da voz com o toque fonético típico (da pergunta).

Aspas ("") – Pausas antes e depois do trecho entre aspas. Pausas bem breves se as palavras forem parte de um texto e mais longas se forem uma declaração.

Travessão (–) – Pede uma mudança suave no tom da voz ou no ritmo.

Parênteses () – As palavras entre parênteses devem ser ditas num tom levemente mais baixo.

A pausa e as entonações, quando bem usadas, são trunfos de grande poder na mão do comunicador. Uma simples vírgula tem poder de vida ou morte! Uma pausa... faz milagres!

"*A corte perdoou eu não condeno*", diz o rei.

Conforme a pontuação (e a pausa consequente), o réu estará livre ou condenado!

"A corte perdoou, eu não condeno", diz o rei. O réu está solto!

"A corte perdoou, eu não, condeno", diz o rei. O réu está condenado!

Outro exemplo histórico é a resposta que o oráculo deu a Alexandre Magno, quando este o foi consultar, querendo saber se deveria invadir a Pérsia.

A resposta do horáculo foi: "*Irás voltarás jamais morrerás*".

Como Alexandre ouviu as pausas da pitonisa? Onde colocou as vírgulas?

"*Irás, voltarás jamais, morrerás*". Não era isso o que Alexandre queria ouvir!

"*Irás, voltarás, jamais morrerás*". E foi assim que ele invadiu a Pérsia e espalhou o helenismo por todo o oriente, até à Índia!

A famosa frase de Jesus ao malfeitor, momentos antes de morrer:

"*Deveras te digo hoje estarás comigo no paraíso*", tem sido interpretada — conforme a colocação da pontuação — de dois modos bem diferentes!

"*Deveras te digo: hoje estarás comigo no paraíso*". O milagre se deu naquele dia!

"*Deveras te digo hoje: estarás comigo no paraíso*". O milagre ocorreria no futuro!

As entonações e as pausas têm o poder de causar um forte efeito emocional nos ouvintes.

Na pausa psicológica, as palavras são substituídas pelos olhos, pela expressão facial, pela emissão de raios, movimentos quase imperceptíveis, carregados de insinuação.

É uma pausa poderosa! Ela invade com ousadia pontos que para as outras pausas seriam impossíveis! Sabemos que após a conjunção "e", não se deve pausar. A pausa psicológica quebra essa regra. A pausa psicológica não se preocupa com o tempo. Dura tanto quanto for preciso para cumprir o objetivo da ação. *Mas nunca poderá ser a pausa só pela pausa.* O uso correto das pausas é uma verdadeira arte!

Volume

O bom volume da voz é aquele que permite às pessoas ouvirem com facilidade e confortavelmente. Um orador que fale baixo demais é um convite ao sono. Outro que fale alto de mais, torna-se irritante.

Como saber se o volume de voz está bom?

Temos que levar em conta as pessoas, o local, os meios técnicos à disposição... e o assunto a tratar. Falar no escritório, falar para pessoas idosas, falar na rua, apresentar os produtos numa feira internacional, dar uma entrevista para a tv, falar num congresso para 500 pessoas. Falar sem microfone ou com microfone. Microfone de lapela, sem fio, microfone com pedestal... São inúmeras as situações com que podemos nos deparar e temos de "falar bem".

Qualquer que seja o local e o número de pessoas que nos ouvirão, devemos fazer tudo para que as pessoas ouçam bem. Sempre que for possível, teste o som e veja a acústica do local antes de falar. O som está muito grave e "embola" ou dá microfonia? Os agudos estão sibilantes e agridem o ouvido? Se for uma palestra com vídeo, teste o som dele. Se tem voz cantada, assegure-se de que as caixas não distorcem.

Converse com o técnico de som até que a sua voz tenha o "seu" timbre. Em todas as circunstâncias a reação da assistência é um excelente indicador.

Estão "esticando" o ouvido para ouvir? Fale mais alto! Estão inclinando a cabeça para trás, afastando o ouvido das caixas? Diminua o volume!

Sempre que existir uma interferência externa (helicóptero, choro de criança, queda de energia elétrica, chuva em teto metálico) avalie a situação e adapte-se: aumente o volume, repita o trecho, faça um comentário apropriado, de preferência, bem-humorado! Ao retomar, relembre a linha de raciocínio.

O volume também deve variar em função do objetivo que pretendemos alcançar.

– Para motivar e levar à ação... *fale mais alto.*

– Para levar a uma mudança... *fale com volume médio.*

– Para consolar e tranquilizar... *fale mais baixo e com brandura.*

– Para dar uma ordem... *aumente o volume.*

– Para evitar uma tragédia... *grite!*

Para melhorar o volume a respiração e a postura são fundamentais. Respirar enchendo a parte inferior dos pulmões e usando bem o diafragma.

Modulação

O *volume* da voz, associado ao *ritmo* e ao *tom* da voz, cria a *modulação*. A modulação dá vida ao que é dito, mexe com as emoções e estimula os ouvintes. E como se consegue modular?

Ajuste o *volume* ao expressar: forte convicção, condenação ou urgência.

Varie o *ritmo*: mais rápido para pontos secundários e mais devagar para pontos principais ou argumentos de peso.

Varie o *tom*: para sensibilizar e transmitir emoções.

Para expressar entusiasmo, pode-se elevar o tom da voz.

Tristeza e ansiedade requerem um tom mais baixo.

A modulação permite ao orador quebrar a monotonia e não apenas pronunciar as palavras, mas mostrar que ele realmente as sente! Sem modulação as palavras soam impessoais e frias.

A modulação é o tempero do proferimento! Na dose certa realçará a matéria apresentada, facilitará a apropriação e a retenção.

Capítulo VIII

Gestos – Contato visual - Equilíbrio

"*O uso excessivo dos gestos dilui um papel como a água dilui o bom vinho.*" Esta frase de Stanislavski é repetida pelos diretores de teatro como um mantra.

No palco, por mais naturais que sejam, os gestos, se não tiverem um propósito e corresponderem à linha da ação, embaçam o papel, tornam o desempenho sem clareza, monótono e descontrolado.

Por esta razão todo o ator trabalha a contenção e o controle dos gestos, de modo a não ser controlado por eles.

Como ilustração, Stanislavski dizia: "Imaginem que têm uma folha de papel branco toda rabiscada de linhas e manchas de borrões. Imaginem que agora vos digam para desenhar na folha uma bonita paisagem ou um retrato. Para fazê-lo terão primeiro que limpar o papel, tirar as linhas e as manchas, que se permanecerem obscurecerão e estragarão o desenho!"

Os cuidados que vimos para os atores, no palco, também se aplicam aos palestrantes no auditório. Na linguagem verbal os gestos e as expressões faciais dão mais ênfase às palavras, aos sentimentos e às emoções.

É muito importante usar os olhos, a boca, a cabeça, as mãos, os ombros e o corpo inteiro, de forma espontânea. Ajudam-nos a expressar nossos verdadeiros sentimentos.

Há duas categorias de gestos: *descritivos* e *enfáticos*.

– Os *gestos descritivos* expressam: ação, localização ou dimensão.

– Os *gestos enfáticos* expressam: sentimento e convicção.

Alguns cuidados a ter:

– Quando se usa o mesmo gesto repetidas vezes, torna-se maneirismo e acaba distraindo a assistência em vez de dar vida à palestra.

– Gestos exagerados diante de um grupo pequeno tornam-se cômicos.

O rosto é a parte do corpo que mais expressa o que sentimos. Com mais de 30 músculos, o nosso semblante pode transmitir: alegria, admiração, aversão, indiferença, perplexidade. Os gestos mais eficazes são os que vêm do coração.

Contato visual

Quando conversamos com alguém devemos prestar especial atenção ao contato visual. "*Olhe para mim enquanto eu estiver falando!*", quantas e quantas vezes já dissemos ou ouvimos esta frase?

O contato visual direto mostra ao interlocutor que estamos prestando atenção, que damos valor ao que ele diz, e isso atrai a simpatia da pessoa.

Alguns, quando falam, olham para o nariz, para a testa ou para a orelha esquerda da pessoa a quem se dirigem... desenvolva o hábito de olhar "olho no olho" das pessoas.

Tal olhar atrai, desperta o interesse da pessoa e permite criar um ambiente franco, criativo e positivo. É comum, numa cena romântica das novelas, vermos os olhos da atriz irem alternadamente de um olho para o outro olho do seu amado... isso mostra um grande envolvimento, da mente e do coração!

Deseja que as pessoas sintam que está prestando atenção, e muito envolvido na questão, então deverá movimentar os seus olhos como viu na novela!

O olhar fixo indica que o interesse não é sincero: "já tenho a minha opinião" – e pode até incomodar. Mexa os olhos, esboce um sorriso e tudo mudará!

Esta habilidade de desviar o seu olhar de um olho da pessoa para o outro, enquanto está ouvindo, sugere um envolvimento intenso com a pessoa e com o que ela diz.

Um pequeno ingrediente que reforça o efeito do olhar é a *inclinação da cabeça*.

Incline a cabeça para um lado, passado algum tempo para o outro, mas *mantenha-a reta ao falar*. Estes indicadores, embora sutis, são poderosos para atestarem que estamos atentos e envolvidos na conversa. Ao assim fazer você se tornará uma pessoa ainda mais interessante e irresistível.

Personagem Seu Nenê em *Guerra dos Vizinhos*

TONY

"Como prova do bom efeito que causa essa "habilidade" de ouvir, recorro a um episódio que me aconteceu com a linda cantora lírica, soprano, Júlia Russell.

Dotada de uma voz que encanta, ela é, fisicamente, igualmente encantadora! Olhos azuis, que vão do brilho inocente e sereno do luar, ao raio abrasador do sol. Cabelos lindos, longos e louros, sorriso meigo e bonito. Era comum, após as apresentações dos espetáculos, ouvir comentários elogiosos acerca da voz e da beleza da Júlia.

Mas certa vez os comentários tinham algo novo... homens e mulheres que a foram cumprimentar e felicitar no camarim, voltavam fascinados:

'Ela é fantástica, ela te escuta, ela te dá atenção', 'Algumas atrizes nem te olham, mas ela te olha mesmo... e que olhos!', 'Ela não é só uma bonita voz, ela é gente!'

Impressionado com os novos comentários que ouvi, entrei no camarim para contar a novidade. À medida que eu repetia os comentários, a Júlia foi-se aproximando com os olhos semicerrados, azuis brilhantes, me olhando fundo nos olhos, depois inclinou a cabeça levando os cabelos louros para a direita e depois para a esquerda...

– Júlia, o que está havendo? Que olhar é esse? Fico lisonjeado, mas...

Ela então deu uma sonora gargalhada.

– Ah, sabe o que é? Perdi os óculos! Para poder enxergar, tenho que olhar assim...

Bom... pelo menos eu entendi os comentários! Aqueles olhos – atentos – se movendo, os cabelos louros num movimento pendular (ora à direita... ora à esquerda), os lábios sem pressa, simpática e mostrando interesse no que a pessoa estava dizendo... eram irresistíveis! Tive a prova de que a técnica de contato visual: é boa!"

Capítulo IX

Microfone – Recursos visuais – Tempo

Microfone

Quando ouvimos as palavras do Rei Henrique V, da Inglaterra, "Bando de irmãos", motivando as suas tropas antes da batalha de Azincourt, contra o exército francês (mais numeroso), conforme narradas por Shakespeare, ficamos empolgados.

Mas o que se diz só pode ter efeito e beneficiar os outros se for ouvido com clareza. Como pôde Moisés falar a milhões de pessoas no deserto? E Jesus, na montanha ou à beira-mar, ser ouvido por milhares de pessoas?

A acústica privilegiada de alguns locais ajudou. Jesus falou de dentro de um barco para as pessoas, em pé, à margem do lago, sem dúvida porque a voz humana se propaga com grande nitidez sobre a superfície lisa da água. Em outras ocasiões era necessário ter um sistema de retransmissores humanos. Como funcionava?

Homens ficavam postados a distâncias regulares no acampamento e as palavras proferidas pelo comandante, eram sucessivamente repetidas até que todos as ouvissem.

A partir do século XX a voz humana pôde ser amplificada sem prejudicar a qualidade ou o tom. O microfone e as caixas de som, nas suas variadas formas, são hoje instrumentos bem familiares, o que não significa que todos saibam usá-los. Vejamos algumas orientações básicas para o bom uso do microfone:

– O microfone deve estar a uma distância de 10 a 15 centímetros da boca. Mais perto pode distorcer e mais afastado perde "peso", fica indistinto.

– O microfone deve estar á frente da boca, não de lado. Se virar a cabeça para o lado, fale somente quando estiver com o rosto na direção do microfone.

– Fale com um pouco mais de volume do que numa conversa normal, mas sem gritar.

– Se precisar tossir, espirrar ou limpar a garganta, desvie a cabeça e afaste o microfone.

Enquanto o técnico de som estiver preparando o pedestal ou ligando o microfone, não fale. Só fale quando tudo estiver pronto. Ao começar a falar escute a qualidade da sua voz nos alto-falantes. Se estiver muito alto ou os "P" e os "T" sairem "explosivos", talvez tenha que se afastar alguns centímetros.

Quando há projeção de slides ou o uso de Power Point, lembre-se de não falar sem que o microfone esteja à sua frente. O seu rosto pode ficar um pouco acima do microfone, mas nunca abaixo.

Se tiver que se deslocar no palco com um microfone com fio, preste atenção para não tropeçar nos cabos.

Recursos Visuais

"Levanta os olhos e conta as estrelas... assim será a tua descendência!" E Abraão, no meio da noite, debaixo daquele céu imenso e cheio de estrelas... teve fé!

Os recursos visuais criam uma impressão mental clara e duradoura. Ao associarmos a palavra falada a uma imagem, gravura, foto, mapa, tabela ou outro objeto, aumentamos a acuidade mental, dois sentidos – visão e audição – são acionados, reforçando a impressão causada.

Napoleão, ao dizer: *"Do alto destas Pirâmides 20 séculos vos contemplam!"* também usou um recurso visual impactante! A visão das imponentes pirâmides de Gizé deve ter marcado profundamente as retinas – as mentes e os corações – dos soldados de Napoleão.

Se forem bem usados, os recursos visuais, nas mãos de um palestrante, de um professor ou de um engenheiro, são uma ótima ferramenta. Esclarecem o que é dito, facilitam o entendimento, são a "prova" do que falamos e ajudam o aprendizado.

Precauções a ter com os recursos visuais:

– Que sejam de bom gosto e apropriados ao assunto;

– Que todos os espectadores possam vê-los claramente;

– Se projetar slides cuide para que o contraste das cores facilite a visão;

– Se projetar um texto, escolha uma fonte e um tamanho de letras legíveis;

– Não exagere na informação visual, use-o nos pontos principais;

Na preparação de slides ou de material impresso, é bom saber que os nossos olhos são atraídos primeiramente pelo grafismo – foto, imagem, desenho, gráfico, retrato – e só depois lêem a informação.

Como na língua portuguesa lemos da esquerda para a direita e de cima para baixo, um anúncio ou slide que respeite essa sequência despertará mais a atenção e a informação será lida com facilidade.

Tenha cuidado com o uso das letras maiúsculas. Os nossos olhos identificam mais facilmente as letras minúsculas do que as maiúsculas. Se tiver muito texto com letras maiúsculas, o olho, perante a dificuldade, rejeita a leitura. Já imaginou ler um livro escrito só com maiúsculas? O leitor provavelmente não iria além da primeira página.

Tempo

Os gregos têm duas palavras para designar o Tempo: Chronos e Kairos. Chronos (na raiz de cronômetro) dá a hora exata, e Kairos dá a *hora certa*. O bom orador sabe usar os dois! A boa preparação é a chave para que o tempo da palestra seja respeitado.

Em geral, quem mais reclama da falta de tempo é aquele que mais o desperdiça. No caso das palestras, quem passa do tempo são os palestrantes que não se prepararam o suficiente. Talvez por excesso de autoconfiança, deixaram a preparação para a última hora.

A boa preparação permite definir os pontos principais e cronometrá-los. Assim teremos referências que permitirão acompanhar no decorrer do proferimento se estamos no tempo previsto ou que ajustes precisamos fazer.

Podem surgir alterações de última hora, que diminuam o tempo previsto no programa – o Presidente atrasou a abertura ou fez um proferimento mais demorado – o que fazer neste caso?

A boa preparação ajudará o palestrante a encurtar a matéria que preparou, sem afetar os pontos principais, nem falar correndo e, assim, prejudicando a compreensão.

Quanto à conclusão, o bom palestrante saberá a *hora certa* de fazê-la, de modo a não perder o impacto que uma conclusão eficaz tem de ter!

Pontos a considerar para uma boa otimização do tempo que nos é dado:

– Evite matéria em excesso, pode ficar confuso se tiver que correr;

– Tenha as ideias principais bem claras na mente;

– Marque o tempo de cada parte do discurso;

– Pense no que poderá "cortar" caso a necessidade se apresente;

– Treine o discurso e teste o material que vai usar;

É muito bom quando o público perde a noção do tempo, não olha para o relógio, fica envolvido e acha que a palestra (a aula, a peça) acabou rápido demais. Palestrante, ator, professor: sendo bom comunicador, consegue isso.

Capítulo X

Informar x Comunicar

Informar era inicialmente o recolhimento de provas para instruir uma ação judicial. Neste caso o significado da palavra estava próximo da sua raiz etimológica: "*In + forma*", isto é, o que ainda não tem forma. À medida que recolhiam informações, o processo ganhava forma.

Comunicar vem da mesma raíz latina (*communicare*), que significa *comungar*. Até ao século XVI, Comunicação era sinônimo de Comunhão. A partir do século XVIII o sentido da partilha diminui e surge a noção de transporte com as "vias de comunicação".

Hoje a *Informação* está ligada: ao jornalismo, à informática, à documentação.

A *Comunicação* está ligada: à publicidade, à imagem, à criação e à animação.

Há um outro critério, que resgata a raiz da palavra Comunicação e que nos interessa particularmente: é a diferença no que se refere à *interação / retroação.*

Neste caso, qual é a diferença entre informar e comunicar?

Para se informar a pessoa pode estar sozinha (lê o jornal, ouve o rádio, vê a televisão, pesquisa na internet). Para que haja comunicação tem de haver, no mínimo, duas pessoas: o emissor e o receptor!

A "história do cavalo", conhecida dos palestrantes, ilustra bem a diferença entre informar e comunicar.

Numa estrada do interior vai um senhor de carro, observando a paisagem... ao se aproximar duma curva, ele vê surgir um carro, na contramão! Ele rapidamente desvia, quase batem, olha para o carro e vê uma mulher ao volante que grita "cavalo!".

Irritado, ele grita ainda mais forte "Vaca"!

Cheio de raiva acelera o carro e, bem no meio da curva... um cavalo! Tenta freiar mas é tarde... Bam!

Analisemos o "case", com perguntas e respostas:

P – Informação, teve ou não teve?

R – Teve! Ela avisou: "Cavalo"!

P – E Comunicação, teve?

R – Não! Ele não compreendeu o aviso, e em vez de agradecer, xingou; e em vez de tomar as devidas precauções, freando... acelerou. Agora lá está ele com o carro todo arrebentado... e coitado do cavalo!

Ao contar esta história, alguém atento e bem-humorado, comentou:

– E ela está até agora procurando... a vaca!

Afinal um bom julgador, por si se julga! Tem cavalo solto, pode ter vaca! Deve estar dirigindo devagarinho, com todo o cuidado...

Tony Correia (Jacinto) e
Ana Maria Grova (Francisca) em *O Casarão*.

Capítulo XI

Dominar o frio na barriga

Mãos úmidas, coração disparado, perna bamba e boca seca... na hora de subir ao palco, de falar no seminário de formação, de começar a reunião, de fazer a entrevista com o chefe... você se sente paralisado! É o famoso *"Frio na Barriga"*!

O *"Frio na Barriga"* não é uma doença! Ao contrário, é muito natural sentir este medo intenso – mas passageiro – antes de uma prova importante.

O essencial é **controlar** o *"Frio na Barriga"* para que ele ajude a *dar o seu melhor!*

7 Dicas anti – *"Frio na Barriga"*

1. Pense positivo

Nada de pensar em "catástrofe". Ao contrário, imagine um auditório cheio de entusiasmo, colaboradores encantados, o público feliz! Isto reforçará a sua autoconfiança.

2. Esteja bem preparado

Qualquer falha será uma fonte de angústia a mais e, com a emoção e o medo, você pode esquecer a matéria que não foi bem preparada. Por isso prepare bem o conteúdo. Prepare algumas fichas com as palavras-chave em vermelho que o ajudarão a retomar se perder o fio da meada. A boa preparação é fundamental.

3. Treine

A repetição ajuda a memorizar e leva à perfeição. Se for responder a perguntas, peça a amigos que lhe façam algumas, e das complicadas. Treinar o ajudará a reagir às várias situações sem ficar "perdido".

4. Tenha o seu "ritual"

Os grandes atores têm as suas *pequenas manias* antes de entrar em cena: um objeto, uma comida, uma roupa, uma oração... faça como eles, tenha também o seu "Ritual".

5. Fique num ambiente tranquilo

Antes de iniciar, procure ficar tranquilo e se concentrar. Em vez de reler mais uma vez as fichas (e ficar nervoso), procure relaxar, escutar música ou passear num jardim...

6. Controle a respiração

Esta dica é essencial! Feche os olhos, ponha uma mão sobre o diafragma, inspire profundamente pelo nariz, depois expire docemente pela boca, controlando com o diafragma... repita várias vezes esta respiração anti-stress, assim que estiver para começar.

7. E vá com tudo!

Não adie esse momento importante, isso só aumentará a ansiedade. Vá com tudo! Por definição o "FB" é o medo antes da prova, que desaparece logo que começa! São só uns segundos de sofrimento... que logo trarão: grande alegria!

Lembre-se:

1. Pense positivo

2. Esteja bem preparado

3. Treine

4. Tenha o seu "ritual"

5. Fique num ambiente tranquilo

6. Controle a respiração

7. E vá com tudo!

Pequeno diálogo, na coxia, antes da estréia, entre uma atriz famosa – já veterana - e uma jovem atriz:

Atriz veterana: – Estou com o "frio na barriga"!

Jovem atriz:–A senhora ainda sente "frio na barriga"?

Atriz veterana: – Sinto...

Jovem atriz: – Eu não!

A atriz veterana olha para ela, sorri e diz:

Atriz veterana: – Não se preocupe minha querida... **ele** virá com o *talento*!

Desenvolva o seu talento... e tenha sucesso!

Capítulo XII

O "ator" no palco e na vida

O ator, seja no palco, seja na vida, deve ter **equilíbrio** na sua atuação:

– *Fala, gestos, movimentos, expressões faciais,* apropriados e comedidos.

– Manter o bom humor, improvisar, fazer parte da solução e não do problema.

– Estar comprometido com a "Troupe"

– *Ser solidário, passar segurança,* ter a boa atitude, ser animador.

Shakespeare, através de Hamlet, dá-nos uma excelente lição sobre a arte de representar:

Entram Hamlet e alguns atores

Casamento de Renata e Tony.

HAMLET – Tem a bondade de dizer aquele trecho do jeito que eu ensinei: Com naturalidade. **Sê temperado nos gestos.** *Dá gana de açoitar o indivíduo que se põe a exagerar no papel. Por favor, evita isso. Também não é preciso ser mole demais. Acomoda o gesto à palavra e a palavra ao gesto.* **O exagero é contrário aos propósitos da representação** *cuja finalidade sempre foi, e continuará sendo, como que apresentar o espelho à natureza, mostrar à virtude suas próprias feições, à ignomínia sua imagem e ao corpo e idade do tempo a impressão de sua forma. O exagero ou o descuido, no ato de representar, podem provocar riso aos ignorantes, mas causam enfado às pessoas judiciosas.*

Exercícios

Preparação da voz

Repita de 3 a 5 vezes os exercícios:

Inspire profundamente e expire lentamente fazendo um som de **"fritura"**: a..a..a..a..a..a..a..a..

Obs. Não é contínuo: "aaaaaaaaaaaa". É pausado, pois, dessa maneira, as cordas vocais são massageadas com a vibração.

Fazer **Trrrrrrrrrrrrrrr** em vários tons: **normal, agudo, grave**, mais **grave**. Deixar o ar sair gradualmente, sem "golpes" do diafragma.

Toque do navio deixando o cais: Com os lábios **estendidos** soltar um "**Vvvvvvvvvvvv**", controlando a saida do ar com o **diafragma!**

Fazer **Trrrrr...Rrrrr, Rrrrr, Rrrrr** em vários tons: normal, agudo e grave. Acentuar a saída do ar, **com "golpes" do diafragma!**

Com a boca fechada fazer **Hommmmmm**, jogando o ar de maneira contínua, fazendo **vibrar os sinos, as fossas nasais e os lábios**.

Começar com a boca fechada e dizer as vogais como se estivesse **mastigando**: HmmmMAmmm-MEmmmMImmmMOmmmMUmmm

Dizer as vogais **com "golpes" do diafragma: A. E. I. O. U.**

Termine com o mesmo exercício do início, fazendo o som de **"fritura"**: a..a..a..a..a..a..a..a..

Técnicas de relaxamento e postura

1 – Não se tem uma boa emissão da voz estando tenso. A tensão atua negativamente na respiração, nas cordas vocais, na ressonância bucal e no movimento do maxilar inferior.

Relaxar o pescoço e ombros

Exercício de alongamento: os braços (para frente / trás) / o pescoço (frente / trás/ lados / girando para a esquerda e para a direita);

Relaxar o maxilar inferior

Com o rosto relaxado, movimentar o maxilar inferior para um lado e para o outro, tranquilamente, sem forçar;

Relaxar os lábios e bochechas

Com os lábios fechados, projetá-los para frente, formando um bico. Emitir som de navio.

Voltar ao normal, forçar um riso exagerado (abrir a boca);

Volta ao normal, forçar um sorriso exagerado, voltar. Três vezes.

A respiração

A correta respiração durante o discurso: inspirar nas pausas das ideias do texto.

Em pé, relaxado e ereto, colocar as mãos na região do tórax (últimas costelas). Fazer uma inspiração sentindo o movimento das costelas. Cinco vezes.

O mesmo exercício anterior. Expirar lentamente enquanto conta até 5. Objetivo: controlar a saída do ar durante a contagem. Terminar junto com a contagem.

Idêntico ao anterior. Soltar o ar pronunciando os algarismos de um a cinco. Objetivo: o ar deve terminar ao final da contagem.

Repetir a sequência contando até dez e depois até 15.

Entonação correta e ênfase nas palavras mais importantes

Exercício com a frase: "*Eu não disse que você pegou o livro na estante.*"

A ênfase em uma palavra determina o sentido do texto: uma das palavras deve ser enfatizada, de cada vez, na frase acima. Repita o texto tantas vezes quantas forem as palavras.

Parte três

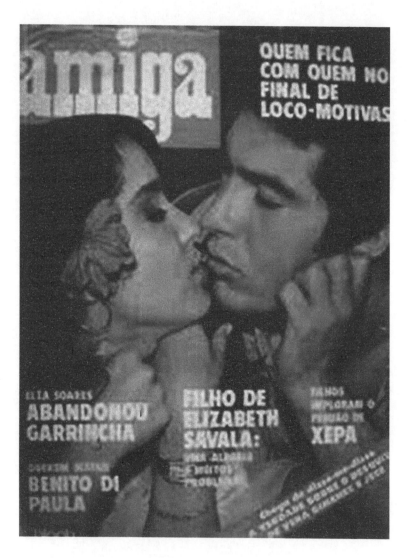

Capa da revista Amiga: casal da novela *Locomotivas*,
Lucélia Santos e Tony Correia.

Tony Correia: a preparação do ator

O **ator** *não fala aos ouvidos...* fala ao coração!

Em Janeiro de 1976, a bordo do navio italiano Marconi, atravesso pela primeira vez o Equador, rumo ao Brasil.

O convés do Marconi está engalanado, é o batismo do novo hemisfério! Os batizandos têm tarefas a cumprir. A mim, fantasiaram-me de pirata e dera-me a missão de jogar os assistentes na piscina!

Cumpri a missão jogando homens (poucos) e mulheres (bem mais) na piscina batismal. Entre uma e outra "vitima", fazia brincadeiras que surpreenderam e divertiram os presentes.

Ao terminar o "batismo", uma senhora brasileira veio ter comigo e lança as palavras *"Tony, você tem jeito de ator! Por que não vai fazer novela na Globo?"*

Naquela época, eu não sabia o que era novela, nem quem era a Globo, mas a ideia de ser ator eu já acalentava...

Desembarquei no Rio de Janeiro, fui conhecer "os tios do Brasil", e foi em casa de minha tia Rosa que, pela primeira vez, vi novela: "Anjo Mau" e "Pecado Capital"!

"Por que não vai fazer novela na Globo?" aquelas palavras vieram-me à mente...

Perguntei à tia onde ficava a TV Globo e fui até lá. Contornei a "Venus Platinada" e vi que tinha dois portões. Perguntei ao segurança se era por ali que entravam os artistas. "Não, é pelo outro, na Von Martius, em frente à padaria".

Fui até lá, instalei-me na padaria e fiquei olhando o portão. Muita gente entrava e saía, mas eu não reconhecia ninguém... até que, de repente, vejo o Herculano Quintanilha (Francisco Cuoco) e a Silvinha (Betty Faria), que emoção! Quase na mesma hora saem a Babá (Suzana Vieira) e o Rodrigo (José Wilker). Emocionado, fiquei com a garganta seca e pedi ao garçom:

– Ó pá, dá-me uma Coca-Cola, por favor!

Assim que acabei de falar, um senhor alto, de cabelo grisalho, olhou para mim e, admirado, perguntou:

– Você é português?

– Sou, sim senhor!

Olhou-me da cabeça aos pés, dos pés à cabeça... e perguntou:

– Você é ator?

– Não, mas gostaria muito de sê-lo!

Respondi, falando bonito! Ele sorriu e se apresentou:

– Eu sou Moacyr Deriquem, produtor da novela das oito horas. Nós estamos à procura de um ator português, para trabalhar em "O Casarão", a próxima novela! Você não se importa que eu o apresente ao diretor, Daniel Filho?

– Com todo o prazer!

Paguei a Coca (nem esperei o troco), atravessei a rua e entrei pela primeira vez por aquele portão que separa o mundo real da fantasia!

Entrei no famoso "Estúdio A", estavam gravando as últimas cenas de "Pecado Capital". Em cena: Lima Duarte, Denis Carvalho e Débora Duarte.

Assim que acabou a cena, o Daniel entrou no estúdio.

– Daniel, vem ver o gajo que vai fazer o Jacinto! – Gritou o Moacyr.

Surpreso, o diretor veio ao meu encontro. Olhou-me também de alto a baixo, trocou um olhar com o Moacyr e perguntou-me:

– Não se importa de fazer um teste?

– Não, não!

– Vai fazer o teste com uma jovem atriz, o nome dela é Cristiane Torloni.

– Com todo o prazer!

A Cristiane ensaiava horas a fio! Ela, mais habituada ao meio artístico, dava-me boas dicas. Foi a minha primeira "professora" de arte dramática!

O teste, apesar da minha inexperiência, deu bons resultados:

Vivi o Jacinto de "O Casarão" em duas épocas (1900 e 1926). Era pai do Atílio (Denis Carvalho em 1926 e Mário Lago em 1976). Tinha um tema musical muito bonito: "Eu sou nuvem passageira", do Hermes Aquino.

A Cristiane, por sua vez, entrou na novela "Duas Vidas", fazendo a filha do Francisco Cuoco!

"Por que não vai fazer novela na Globo?" Vejam... o poder das palavras!

No decorrer das gravações de "O Casarão" tive os melhores "professores" da época: Paulo Gracindo, Yara Cortes, Mário Lago, Myriam Pires, Oswaldo Loureiro, Hélio Ary, Lutero Luís, Armando Bogus, Renata Sorrah!

Depois, em "Locomotivas", a estes mestres se juntaram outros: Walmor Chagas, Eva Tudor, Araci Balabanian, Heloísa Mafalda, Oswaldo Louzada.

Nas gravações externas, quantas vezes a equipe de produção me perguntava:

– Tony está saindo um onibus para a emissora, quer ir?

– Não, ainda estou com roupa de cena, vou mais tarde!

Eu fazia de propósito para ficar e aprender com todos aqueles grandes atores!

Aprendi também que as melhores respostas são dadas por ações, sem palavras!

Na novela "Locomotivas", meu personagem Machadinho foi usado por uma atriz, hoje mundialmente famosa, para dar um belo "Tapa com luva de pelica" (luva de veludo, em Portugal) a um "figurão" da TV Globo!

A atrizé a minha colega e amiga Lucélia Santos.

Em 1976 Lucélia foi à TV Globo expressar o desejo de fazer novela.

O diretor "figurão" que a recebeu logo a rejeitou e num tom sarcástico perguntou:

- O que é que uma baixinha e vesga vem fazer aqui?

Apesar do escárnio e da amargura, Lucélia não se deu por vencida!

Há mais corredores na TV Globo, e quando Deus quer... ninguém pode ser contra nós! E a Obra nasce!

Herval Rossano, diretor da novela "Escrava Isaura", estava procurando a atriz principal... a escrava branca que iria sofrer nas mãos de Leoncio (Rubens de Falco), mas liberta no amor de Álvaro (Edwin Luisi).

No corredor global, os olhos da Lucélia, úmidos de indignação e afogueados pela determinação, tinham um estranho brilho... do corpo "baixinho" emanava uma força tremenda!

Era isso que o Herval queria para a escrava, e a Lucélia foi Isaura!

"Escrava Isaura" é a novela da TV Globo mais vendida no mundo!

As palavras podem ferir e machucar... mas a Palavra, o Verbo, ao serviço da Ética, do Bem e da Verdade, sempre falará mais alto!

Assim que acabou de fazer Isaura, Lucélia foi convidada para ser a *Fernanda* da novela "Locomotivas". Fernanda e Machadinho fizeram um imenso sucesso, foram muitas vezes "capa" das principais revistas de TV da época!

Dado o sucesso dos personagens, fomos até gravar em Portugal!

No último capítulo da novela, Lucélia pediu ao diretor Régis Cardoso que mudasse uma fala do Machadinho. À pergunta "Com quem falava ao telefone?", Machadinho respondeu:

– Com uma baixinha, vesga... mas que eu amo muito!

São as lições desses grandes mestres – e outras que a vida me ensinou – que tenho o prazer de compartilhar neste livro, certo de que ajudarão a melhorar a arte da comunicação, os bons relacionamentos e contribuir para que cada um se torne o ator principal – o protagonista – da sua própria vida!

A maioria das lições foi-me dada no estúdio, na sala dos atores, no palco, na cochia, no set de filmagem e no camarim. Mas algumas tive em lugares mais inusitados, como exemplo: as lições de Lima Duarte no ônibus do time de futebol dos artistas da Globo!

"Um momento! O Lima Duarte, com a idade que ele tem, no time de futebol?" perguntarão alguns com olhar cético...

Merece uma explicação (a bem da boa comunicação), para que não haja dúvidas!

O Lima entrava em campo, sim, mas como Zeca Diabo! A certa altura do jogo, o juiz marcava um pênalti contra o time dos artistas e Zeca Diabo, furioso, de arma na mão, entrava no campo, dando tiros e correndo atrás do árbitro! Surpreso, o público delirava e acompanhava a expulsão do juiz e bandeirinhas, que fugiam a sete pés, para salvar a pele!

Após a "expulsão", quando o Zeca Diabo erguia os braços – vitorioso! – o público fazia uma merecida ovação ao Lima, por todos os personagens inesquecíveis que ele criou!

Um dos jogadores do time dos artistas era João Carlos Barroso (bom atacante), para os colegas "Barrosinho", para muitos "O filho do Zeca Diabo"! Quando algum incauto o chamava de "Baixinho", a resposta estava na ponta da língua:

"*Baixinho é o seu salário!*", o efeito era imediato! E ninguém mais ousava...

Na zaga, quem mandava era o "gigante" Eliezer Mota, para muitos o "Baptista", o sacristão dentuço do "casa-separa-casa-separa" que ele fazia com o Jô Soares.

A dupla "Baptista" e "O filho do Zeca Diabo" era hilariante! Eles não contavam anedotas, eles *interpretavam* as anedotas!

Certa vez, fazendo conexão em Salvador, o avião atrasou. Para passar o tempo, a "dupla" entrou em ação! Era uma anedota atrás da outra, os passageiros foram-se aproximando, rindo e se ajeitando à volta dos artistas... Quando – 2h depois! – anunciaram o embarque, a reação foi um "ahhhhh...", sinônimo de "que pena"! Foi a única vez em que não houve reclamação pelo atraso do voo!

Numa outra viagem, de ônibus, João Carlos Barroso disse o poema, de José Régio, "Cântico Negro". É um belíssimo poema, mas que exige muito do declamador!

Entre o "*Vem por aqui*" do primeiro verso e a conclusão "*Não sei por onde vou / No sei para onde vou / mas sei... que não vou por aí!*" há inúmeras gamas de emoções, de volumes, de inflexões, de revolta, de determinação!

Nos versos "*Todos tiveram pai, todos tiveram mãe / mas eu, que não principio, nem acabo / Nasci do amor que há entre Deus e o diabo!*" reparei que o Lima fez um gesto de aprovação...

Quando o "Barrosinho" terminou de dizer o poema, aplaudimos! No meio dos aplausos o Lima levanta-se, pede silêncio e o que ele disse foi para mim uma grande lição!

"Hoje, as palavras foram mais do que sons... falaste ao coração! O ator não fala para os ouvidos, o bom ator fala para o Coração!"

Corroborando a importância do que o Lima falou, outros atores expressaram a sua opinião mostrando que nunca se deve usar no palco palavras sem alma, expressões mecânicas como na vida real: - "Oi, tudo bem?" – "Tudo bem!"

Reinaldo Gonzaga – com aquele vozeirão! – exclamou: "A fala é música!"

Estas palavras de Stanislavski (famoso diretor russo que criou um método muito apreciado pelos atores) lembram que falar no palco é uma arte tão difícil como cantar!

Dizia ele: "Quando um ator de voz bem trabalhada e magnífica técnica vocal diz as palavras do seu papel, sou completamente transportado pela sua suprema arte: é uma melodia, uma ópera ou uma sinfonia!"

Ele fez a seguinte comparação: " Uma boa voz de homem entrando em cena é como um violoncelo ou um oboé. Uma voz feminina, pura e alta, é um violino ou uma flauta. As profundas notas de peito de uma atriz dramática, lembram-me uma viola. O baixo pesado ressoa como um fagote. A voz do vilão é um trombone, que troveja mas também gargareja para dentro, como se fosse por causa da raiva ou de saliva acumulada."

Stanislavski nos interpela ao dizer:"Como é que os atores podem deixar de perceber toda uma orquestra numa única frase, até mesmo uma frase simples, de sete palavras, como, por exemplo, *"Volte! Eu não posso viver sem você!"*

E quantas vezes – e de quantos modos diferentes – dissemos essa frase!

"A Preparação do Ator (um dos livros de Stanislavski) é útil para todos" disse o querido "Carlitos", Charles Chaplin.

Em outro livro, *"A Construção da Personagem"*, Stanislavski ajuda os atores (podemos acrescentar autores e comunicadores) a refletir sobre o que é a "palavra"! Diz ele:

"Uma palavra, apresentada isoladamente e vazia de conteúdo interior, nada mais é senão um nome exterior... não passará de um som vazio!"

Cita como exemplo a palavra *Amor*.

"Para um estrangeiro ela é apenas uma estranha combinação de letras. É um som vazio... Mas deixem que os sentimentos, os pensamentos, a imaginação dêem vida ao som vazio e produzir-se-á uma atitude completamente diversa, a palavra tornar-se-á significativa! E os sons *Meu Amor* adquirem o poder de incendiar paixões... e de alterar completamente o curso da vida".

Para ter significado e força as palavras precisam de todas as conotações interiores que avivam o coração.

É assim que a palavra *Avante*, colorida interiormente pela emoção patriótica, levanta multidões, "é capaz de levar regimentos à morte certa"!

Uma palavra pode despertar em nós todos os sentidos. Basta ouvir o título de uma música, o nome de um pintor, de um perfume que gostamos ou de um prato saboroso para "imediatamente ressuscitar as imagens visuais e auditivas, odores e sabores ou as sensações táteis que a palavra sugere".

A palavra falada (ou o texto de um discurso) não vale por si mesma, ela adquire valor quando animada por emoções humanas autenticas!

Cabe ao ator (escritor ou orador) compor a música de seus sentimentos.

"Quando ouvimos a melodia de uma alma viva, então, e só então, podemos avaliar plenamente o valor e a beleza das falas e de tudo o que elas encerram!"

Só no palco, as palavras (o drama) podem ser reveladas em toda a sua plenitude e significação. Só numa representação as palavras libertam a sua essência íntima, os mananciais espirituais...

Razão tem Bernard Shaw, ao dizer:

"Aprender a representar, não é pagar mico, é progredir"!

Aprender as artes cênicas é como aprender a andar de patins, ou de bicicleta. O *desequilíbrio* inicial, não é ser "bobo", faz parte do progresso! Quem não passar pelo "desequilíbrio", jamais terá o prazer de patinar, de andar de bicicleta, ou de ser um grande comunicador!

*"O bom **comunicador** (a exemplo do bom ator) tem de falar ao coração!"*

O Ser Humano

"Ser ou não ser..."

Todos temos uma escolha a fazer!

Quem determina o que somos: a Circunstância ou a Substância?

Quando deixamos que as circunstâncias conduzam as nossas próprias vidas, temos um papel de coadjuvante...

Quando a nossa Substância - a alma, o sonho elevado – se comunica, atua, age na circunstância e, com coragem e determinação, a ela se sobrepõe... Somos os protagonistas da nossa Vida!

Ao fechar da cortina... Teremos aplausos!

Fernando Perez entregando o Troféu Amigo

www.dvseditora.com.br